위인이 된 36명의 책벌레들
폰보다 책

위인이 된 36명의 책벌레들

폰 보다 책

김현태 지음 · 허재호 그림

국일아이

―― 머리말 ――

드넓은 지식의 바다로 떠나는 즐거운 모험!

책은 마치 신비한 마법의 세계로 들어가는 열쇠와 같아요. 이 열쇠를 돌리면 역사적으로 위대한 인물들을 만날 수 있어요. 그리고 우주 밖의 세계, 슈퍼히어로, 공룡의 시대 등 상상 그 이상의 세상을 경험할 수 있죠. 그뿐만 아니라 드넓은 지식의 바다에서 다양한 법칙과 이론도 발견할 수 있어요. 이처럼 책은 우리에게 미지의 세계를 경험시켜주는 일종의 여행 티켓이자 새로운 생각과 감정을 발견하게 하는 모험의 시작점이에요.

우리가 익히 알 만한 위대한 인물들의 공통점은 그들 모두 책을 가까이 했다는 거예요.

세계적인 부자이면서 투자의 전설로 불리는 워렌 버핏은 늘 책과 함께 한답니다. 그는 자신의 하루 일과를 이렇게 소개했어요.

"나는 아침에 일어나면 곧바로 사무실로 향합니다. 자리에 앉자마자 책을 읽기 시작합니다. 그리고 여덟 시간 동안 업무를 봅니다. 업무가 끝나면 책을 들고 다시 집으로 갑니다. 저녁 식사를 하고 책을 봅니다. 그리고 가끔 전화도 합니다."

그는 업무를 보는 시간을 제외한 나머지 시간을 독서로 채우고 있죠. 그가 성공할 수 있었던 것은 바로 책 속에서 얻은 지식과 지혜 덕분이라고 해도 과언이 아니에요.

컴퓨터의 황제인 빌 게이츠도 마찬가지죠. 그는 어린 시절을 회상하면서 가장 기억에 남는 장소가 동네 도서관이라고 말했어요.

"나를 키운 것은 동네 도서관이었다."

자신의 성공에 있어 책이 그만큼 큰 디딤돌 역할을 했다는 거죠.

"사람은 책을 만들고 책은 사람을 만든다"라는 말이 있어요. 책은 곧 인생이며 책은 곧 나 자신이죠. 여러분도 이 책을 통해 생각이 더 깊어지고 인생이 풍요로워졌으면 해요. 물론 처음부터 책과 친해진다는 게 쉽진 않을 거예요. 하지만 꾸준히 독서습관을 기른다면 분명 다른 삶이 펼쳐질 거예요.

부디 이 책을 통해 언어의 아름다움과 독서의 즐거움을 맛보고 세계 각지의 다양한 문화와 가치에 대해 이해하고 배우게 되길 바라요.

자, 그럼! 여러분에게 행복한 깨달음을 안겨줄 위대한 책벌레들의 세계로 함께 떠나볼까요?

— 저자 김현태

이 책을 반드시 읽어야 할 어린이

- 책 읽을 시간이 없다고 핑계를 대는 어린이
- 컴퓨터 게임이나 TV에 빠진 어린이
- 군것질하는 데 돈을 펑펑 쓰면서 책 사는 건 아까워하는 어린이
- 학교에서 실시하는 '아침독서운동'이 너무나도 싫은 어린이
- 책을 읽어봤자 아무 소용없어, 라고 생각하는 어린이
- 책은 재미없다고 생각하는 어린이
- 책을 통해 무언가 배우고 싶은 어린이
- 호기심이 많아 책에서 해답을 찾고 싶은 어린이
- 역사적인 인물들의 이야기가 궁금한 어린이

차례

머리말 드넓은 지식의 바다로 떠나는 즐거운 모험! … 4

이 책을 반드시 읽어야 할 어린이 … 7

1장 책으로 성장하는 하루

- 세종대왕과 신숙주 – 경쟁하듯 책을 읽어라 … 14
- 나폴레옹과 책수레 – 책을 항상 가까이하라 … 20
- 최한기와 책값 – 책 사는 데 돈을 아끼지 마라 … 26
- 헬렌 켈러의 의지 – 어려움이 있어도 독서 의지를 꺾지 마라 … 32
- 김득신과 하인 – 한 번 읽은 책도 여러 번 다시 읽어라 … 38
- 맹자와 빌 게이츠 – 책이 많은 곳에 머물러라 … 44

책벌레가 되는 독서 실천법 책과 친해지는 방법 … 50

2장 꿈을 이루는 독서의 기적

- 조앤 롤링과 마거렛 미첼 – 작가가 살아온 삶에도 관심을 가져라 ... 56
- 존 고다드의 꿈의 목록 – 읽고 싶은 책의 목록을 작성하라 ... 62
- 잭 웰치와 장영실 – 꿈을 이룬 나의 모습을 상상하며 책을 읽어라 ... 69
- 아인슈타인과 기억력 – 책을 읽고 자기만의 느낌을 메모하라 ... 75
- 멘토와 알렉산더 대왕 – 책 선생님을 찾아 나서라 ... 82
- 카네기와 도서관 – 지식의 바다, 도서관에 자주 가라 ... 88
- 📖 **책벌레가 되는 독서 실천법** 똑똑한 독서, 4W(Why, What, When, Where) 비법 ... 94

3장 매일 매일 즐거운 독서 습관

- 여몽과 괄목상대 – 독서로 나날이 크게 발전하라 ... 100
- 윤증과 사슴 – 목표를 정했으면 흔들리지 말고 끝까지 읽어라 ... 106
- 서당과 김수온 – 눈으로만 읽지 말고 외워라 ... 113
- 박지성과 루빈스타인 – 책 읽는 데 많은 시간을 투자하라 ... 120
- 청년과 소크라테스 – 지식을 쌓아 진정한 부자가 되어라 ... 126
- 뱀과 나쁜 책 – 독이 아닌 약이 되는 책을 선택하라 ... 132
- 📖 **책벌레가 되는 독서 실천법** 맛있게 요리하는 독서 레시피 ... 138

4장 책과 함께하는 행복한 시간

- **아기 새와 이황** – 성급해 하지 말고 천천히 제대로 읽어라 … 142
- **존 듀이와 다치바나 다카시** – 읽을수록 더 읽고 싶은 열정을 발견하라 … 147
- **어리석은 아들과 조위한** – 왜 책을 읽는지 이유를 분명하게 세워라 … 153
- **월터 스콧과 시 낭송** – 독서모임이나 문학회에 참여하라 … 158
- **휴그 무어와 발명** – 열린 생각, 깊은 생각으로 책을 읽어라 … 164
- 📖 **책벌레가 되는 독서 실천법** 집중력 향상을 위한 몸 관리 … 170

5장 책으로 든든해지는 마음 비타민

- **베토벤과 인내** – 두껍고 어려운 책이라도 끝까지 읽어라 … 174
- **처칠과 성적** – 책 속에서 가능성과 재능을 발견하라 … 180
- **에디슨과 물음표** – 읽다가 궁금하면 거침없이 질문하라 … 185
- **송어와 오산학교** – 지금 바로 책을 펼쳐라 … 190
- **오프라 윈프리와 희망** – 책으로 불행을 극복하라 … 196
- 📖 **책벌레가 되는 독서 실천법** 속독법 향상을 위한 방법 … 202

세종대왕과 신숙주
경쟁하듯 책을 읽어라

"너 나처럼 다리 높이 올릴 수 있어?"

"물론이지. 한번 해볼까? 이얍……!"

"제법인데. 그럼 태권도 1장 할 수 있어?"

"당연하지."

"그럼 해봐."

"잘 봐라. 내 실력을."

여러분은 누군가와 함께 실력을 겨룬 적이 있나요? 나보다 잘하는 친구를 보면 어떤 생각이 드나요?

"그래 두고 봐라. 내가 더 연습해서 너보다 더 잘할 거야!"

"지금은 못하지만 나도 연습하면 훨씬 더 잘할 수 있어!"

친구보다 더 앞서고 싶은 생각이 들 거예요. 친구를 이기고 싶어 하는 건강한 마음은 '선의의 경쟁'으로 이어집니다. 시기와 질투로 이어지는 너무 지나친 경쟁은 금물이지만 서로 실력을 향상시키는 선의의 경쟁은 필요해요. 친구와 겨룰 때에는 철저하게 실력으로 이기겠다는 마음으로 정정당당하고 아름다운 경쟁을 해야 한다는 것만 잊지 마세요.

세종대왕도 집현전 학자들과 경쟁을 했어요.

어느 겨울 밤 세종대왕은 《사기》라는 책을 읽고 있었어요. 너무나 늦은 시간까지 책을 보고 있으니 내관은 왕이 걱정되어 조심스럽게 아뢰었습니다.

"전하, 밤이 아주 깊었습니다. 이러다가 옥체가 상하시면 어떡합니까? 오늘은 그만 주무시고 내일 보시지요."

"알았네."

세종대왕은 잠시 밖으로 나와 바람을 쐬었어요. 그런데 건너편에 보이는 집현전에 아직도 불이 켜져 있었어요.

"김 내관, 집현전에 여태 불이 밝혀져 있군. 누가 뭘 하는지 알아보아라."

내관은 집현전을 후다닥 다녀왔어요.

"집현전 안에서 신숙주 학사가 책을 읽고 있사옵니다."

"그래? 젊은 학사가 학문에 열중하는 모습이 참 보기 좋군. 젊은 학사가 아직까지 잠을 자지 않고 공부하는데 어찌 임금인 내가 잠을 잘 수 있겠는가. 안 그런가?"

세종대왕은 다시 방 안으로 들어와 《사기》를 읽기 시작했어요.

한 시간 정도 지난 후, 세종대왕은 내관을 시켜 집현전의 불이 꺼졌는지 보고 오라고 했어요.

"신숙주 학사는 아직도 잠자리에 들지 않고 책을 읽고 있사옵니다."

"으음, 아직도……."

"잠을 자려고 했는데 나도 좀 더 읽어야겠군."

세종대왕은 책을 덮지 않았어요. 그리고 큰 소리를 내어 가며 책을 읽었어요. 그 뒤로도 내관은 몇 번이나 더 집현전을 왔다 갔다 했어요. 어느덧 새벽녘이 되었어요.

"전하, 집현전에 있는 신숙주 학사가 드디어 잠이 들었습니다."

"확실한가?"

"예, 제가 확인했사옵니다."

"알았다. 그럼 나도 이제 눈 좀 붙여야겠구나."

　세종대왕은 신숙주가 잠이 들었다는 말을 들은 후에야 비로소 잠을 청했습니다. 이처럼 세종대왕은 집현전 학자들과 서로 경쟁하듯 학문에 열중하였지요. 그래서 마침내 집현전 학자와 함께 '훈민정음'이라는 위대한 글을 창조해 낼 수 있었답니다.

　여러분도 책을 읽을 때 경쟁자를 한 명 가까이 두세요.

"나는 리처드 바크의 《갈매기의 꿈》 읽고 있어. 너는 뭐 읽고 있어?"

"나는 독일 작가 괴테의 작품 《젊은 베르테르의 슬픔》을 읽었어."

"그랬구나. 우리 바꿔서 볼까?"

"좋아."

　책벌레인 친구를 사귀면 책에 대한 관심도 갖게 되고 자연스럽게 책 얘기도 나누게 되고 은근히 경쟁심도 생긴답니다. 그래서 친구만큼 더 많은 책을 읽고 싶어지고 심지어 나중에는 친구보다 더 많은 책을 읽겠다는 다짐도 하게 되죠. 그러다 보면 언젠가 여러분도 책벌레가 되어 있을 거예요. 경쟁하듯 서로 앞다퉈 책을 읽는 그런 아름다운 경쟁을 해 보세요.

책벌레들을 위한 지식 도서관

세종대왕 (1397~1450)

조선시대 제4대 왕으로 우리나라 역사상 가장 위대한 왕으로 손꼽힌다. 부모에 대한 효성이 지극하고 사치를 모르는 검소한 생활을 몸소 실천한 훌륭한 위인이다. 젊은 학자들을 등용하여 이상적 유교정치를 구현하였으며, 우리가 지금 사용하고 있는 '훈민정음'을 창제하였고, 특히 측우기 등 과학기구를 제작하는 데 남다른 노력을 기울였다.

신숙주 (1417~1475)

조선 전기의 대표적 명신이며 학자다. 세종대왕이 '훈민정음'을 창제할 때 함께 참여하였으며 《세조실록》, 《예종실록》의 편찬에도 참여하였다. 집현전 학사, 도승지, 우의정, 좌의정, 영의정 등을 두루 역임하였다.

《갈매기의 꿈》

미국의 소설가 리처드 바크의 소설이다. 주인공인 갈매기 조나단 리빙스턴은 단지 먹이를 구하기 위해 하늘을 나는 다른 갈매기와는 달리 비행 그 자체를 사랑하는 갈매기다. 멋지게 날기를 꿈꾸는 조나단은 진정한 자유와 자아실현을 위해 고단한 비상을 꿈꾼다. 이 작품은 자유의 참의미를 깨닫기 위해 비상을 꿈꾸는 한 마리 갈매기를 통해 인간 삶의 본질을 상징적으로 그린 감동적인 소설이다.

《젊은 베르테르의 슬픔》

독일의 시인이며 작가인 괴테가 지은 소설이다. 베르테르는 젊은 변호사로서 상속 사건을 처리하러 어느 마을에 왔다가 로테를 알게 되고 그녀에게 사랑을 느낀다. 그러나 그녀는 이미 약혼을 한 상태였다. 주인공 베르테르는 로테와의 사랑을 이루지 못하여 끝내 권총으로 자살하고 만다. 이 작품을 통해 괴테는 크게 이름을 알렸으며 이 작품은 다른 나라의 문학에도 큰 영향을 끼쳤다.

나폴레옹과 책 수레
책을 항상 가까이하라

여러분은 지금 손에 무엇을 들고 있나요? 혹시 컴퓨터 게임에 빠져 종일 마우스만 잡고 있는 건 아닌가요? 아니면 TV 채널을 이리저리 돌리며 가족들과 채널 싸움을 하고 있는 건 아닌가요? 물론 컴퓨터 게임을 하거나 TV를 보는 게 나쁜 것만은 아니에요. 나름대로 재미도 있고 스트레스를 없애 주기도 하니까요. 그러나 적당히 해야지 너무 지나치면 곤란하겠죠?

여러분은 이 세상에서 가장 아름다운 손이 어떤 손인지 생각해 본 적이 있나요? 가느다랗고 뽀얀 손이 아름다운 손일까요? 그보다 더 아름다운 손은 책을 들고 있는 손이에요. 책을 든 손은 고귀

하고, 책을 읽는 눈은 빛이 나고, 책을 보는 사람의 미래는 희망으로 가득 차 있답니다.

　프랑스 변방의 코르시카라는 작은 시골 마을에 한 아이가 있었어요. 그 아이는 유독 키가 작고 몸집 또한 왜소해서 친구들한테 놀림을 받았어요.
　"쟤는 백설 공주에 나오는 난쟁이 같아!"
　"그러게 말이야. 가난하고 냄새나는 저 애랑은 놀지 말자. 저리 가! 메롱~."
　아이는 매번 축 처진 어깨를 하고 집으로 돌아왔어요.
　"무슨 일 있니?"
　엄마의 물음에 아이는 아무 말도 하지 않은 채 자기 방으로 들어갔어요. 그리고는 주먹을 불끈 쥐며 다짐했어요.
　"그래, 너희가 지금은 나를 놀리지만 나중에는 너희들이 나를 우러러 보는 날이 있을 거야!"
　아이는 책장에서 책을 꺼내서 읽기 시작했어요. 책을 많이 읽으면 나중에 훌륭한 사람이 된다는 사실을 벌써 알고 있었지요.
　처음에는 책 읽기가 별로 재미없었지만 읽다 보니 점점 재미가 있었어요. 어느새 책은 아이의 가장 친한 친구가 되었습니다. 외로움을 달래주었기 때문이죠. 또한 책은 선생님이 되기도 했답니다. 꿈을 갖게 해 주고 앞으로 어떻게 살아가야 하는지를 알려 주기도 했기 때문이죠.

어느 날 아이는 《플루타크 영웅전》이라는 책을 읽었는데 크나큰 감동을 받았어요.
"그래, 나도 아주 멋진 장군이
될 거야!"

아이는 책을 읽으면서 자신감을 회복하고 원대한 꿈도 꾸게 되었죠. 아이는 단 한 순간도 손에서 책을 놓지 않았어요. 화장실에 갈 때도 식사를 할 때도 길을 걸을 때도 늘 책에서 눈을 떼지 않았죠. 법률, 문학, 경제 등 가리지 않고 손에 잡히는대로 책을 읽었어요.

세월이 흘러 아이는 어른으로 성장했고 마침내 꿈을 이룰 수 있었습니다. 그 아이가 바로 세계를 호령했던 프랑스의 황제 나폴레옹이랍니다. 그는 반평생을 전쟁터에서 지냈지만 그렇다고 책을 멀리하지 않았어요. 언제나 책을 사랑했죠.

전쟁터에서 병사들은 이상한 수레를 발견했어요.

"이 수레는 뭐지?"

"보면 모르나? 책 수레가 아닌가?"

"누가 책인 줄 몰라서 그래? 도대체 전쟁

터에 웬 책이냐는 말이지."

"나폴레옹 장군님의 책이야."

나폴레옹은 전쟁터에서도 책을 읽기 위해 마차 한 대에 책을 가득 실어 끌고 다녔습니다. 그는 이동을 하거나 시간이 날 때마다 책을 읽었어요. 죽음이 코앞에 와 있는 상황에서도 책을 읽었죠.

작은 마을의 시골뜨기가 어떻게 프랑스 황제가 될 수 있었을까요? 많은 이유가 있겠지만 그 중에서도 가장 큰 이유는 독서라는 강력한 정신적인 무기가 있었기 때문일 것입니다.

여러분, 책을 가까이 한 사람치고 자신의 꿈을 이루지 못한 사람은 없었어요. 책은 그 어떤 것보다 더 힘이 센 무기이며, 꿈을 이루게 하는 마법과도 같답니다.

그리고 책 만한 친구는 없어요. 책은 나의 아픈 마음을 달래 주고, 웃음을 주고, 내 안의 능력과 재능을 끌어내고, 마음을 함께 나눌 수도 있어요. 책과 친구가 되어 우정을 키워 보세요.

다시 한번 강조하지만 책을 늘 가까이하세요. 그러기 위해선 일단 책을 손만 뻗으면 닿을 곳에 놓아두는 게 중요해요. 침대 위에, 책상 위에, 소파 위에, TV 위에 책을 놓아두세요. 맘만 먹으면 책을 펼쳐볼 수 있게 언제나 가까운 곳에 책을 놓으세요.

　책으로 둘러싸여 있으면 자연스럽게 책에 손이 갈 것이고 그러면 어느새 책과 친구가 되어 있을 거예요. 물론 그 친구가 여러분에게 선물을 주겠죠. 아주 멋지고 성공적인 미래라는 선물을요.

책벌레들을 위한 지식 도서관

나폴레옹 1세 (1769-1821)
프랑스의 군인이자 정치가로 코르시카 섬에서 태어났다. 나폴레옹은 '황야의 사자'란 뜻으로 아버지가 지어준 이름이다. 1784년 파리육군사관학교에 입학하고 포병 장교가 된다. 그는 프랑스 혁명에 참가해 두각을 나타내어 마침내 황제가 된다. 이후 유럽 대륙을 정복하였으나 러시아 원정에 실패하여 퇴위하고 엘바 섬에 유배된다. 이듬해 돌아와 다시 황제가 되지만 워털루 전투에서 연합군에 패하여 세인트헬레나 섬에 귀양을 간다. 그리고 그 섬에서 죽음을 맞는다. "나의 사전에는 불가능이란 없다"라는 유명한 명언을 남겼다.

《플루타크 영웅전》
알렉산더, 한니발, 카이사르 등 그리스와 로마 영웅들의 생애가 감동적으로 그려져 있는 책이다. 이 책은 영웅들이 어떻게 험난한 길을 이겨내고 헤쳐 나갔는지를 소개하고 있다. 그리고 인생을 슬기롭게 살아가는 지혜와 인내의 교훈도 알려준다. 로마의 아우렐리우스 황제는 이 책을 전쟁터까지 가져가 읽고 또 읽었으며, 나폴레옹도 평생 손에서 놓지 않았다. 작가인 셰익스피어와 음악가인 베토벤도 이 책을 가까이하면서 글의 소재나 악상을 떠올리기도 했다.

최한기와 책값
책 사는 데 돈을 아끼지 마라

여러분은 부모님께 어떤 방식으로 용돈을 받나요? 일주일에 한 번씩, 아니면 한 달에 한 번씩 용돈을 받는 친구도 있을 거예요.

용돈을 받으면 어떻게 사용하나요? 혹시 용돈을 받은 지 며칠도 지나지 않아 몽땅 써버리는 건 아니겠죠? 어릴 때부터 용돈 관리를 잘한 사람은 커서도 자신의 재산을 잘 지키고 키운답니다. 어릴 때 경제 습관이 평생 가기 때문이죠.

꼭 사야 하는 것만 사고 남는 돈은 은행에 저축을 하거나 투자를 하는 게 좋습니다. 돈이 있을 때 아끼고 남을 때 저축하고 투자하는 게 바로 부자가 되는 길이랍니다.

굳이 지금 용돈 얘기를 꺼낸 이유는 책을 사는 데 과연 얼마나 용돈을 쓰는지 궁금하기 때문이에요. 용돈의 절반 이상을 책을 사는 데 쓰는 친구도 있을 것이고 대부분을 과자를 사먹거나 PC방에서 게임하고 친구들이랑 노는 데 쓰는 친구도 있을 거예요. 어떤 게 더 바람직할까요?

조선시대에 최한기라는 사람이 있었습니다. 그는 양아버지에게서 상당히 큰 재산을 물려 받았어요.

"이 많은 돈을 어디에다 쓸까?"

보통 재산이 많으면 흥청망청 돈을 쓸 수도 있지만 그는 달랐어요.

"돈을 아무렇게나 쓸 순 없지. 의미 있게 쓰는 방법이 뭘까?"

그는 오랫동안 고민을 하다가 무릎을 쳤습니다.

"그래! 나는 책을 좋아하니까 책을 사는 데 쓰자. 책 만한 재산도 없지."

그는 책 읽기를 무척 좋아했죠. 그래서 당시 중국에서 건너온 새로운 책이나 서양 과학책은 몽땅 샀답니다.

어느 날 그의 집에 놀러온 친구가 서재를 보고 깜짝 놀랐어요.

"한기, 자네 집에 이렇게 책이 많다니. 나도 책이 많기로 소문이 난 사람인데 자네는 나보다 훨씬 더 많군. 참 대단한 사람이야. 자네가 부럽네."

"뭐 이 정도로 그러나? 나는 아직도 부족하다고 생각하네. 뭐 좋은 책 있으면 소개 좀 시켜 주게. 그 책도 좀 사고 싶으니 말이야."

"하여간 자네는 대단한 책벌레야. 이렇게 많은 책을 갖고 있으면서 아직도 부족하다는 말인가?"

"책 욕심이야 끝이 있겠는가. 나는 늘 책이 그립네."

그의 집에는 책장수가 끊이지 않았어요.

"나리, 새로운 책이 있어서 들렀습니다."

"어서 오시오. 이번엔 어떤 책이오?"

"예, 서양에서 들어온 책인데 지구와 은하계에 관한 책입니다."

"그거 참 재미있겠군. 그 책은 얼마요?"

"이 책은 귀한 거니까 삼십 냥입니다."

"와, 그렇게 비싸다니……."

"나리, 다음에 올까요?"

최한기는 잠시 망설이더니 이내 입을 열었습니다.

"아니오. 주시오. 비싼 만큼 그 값어치를 하겠지."

꽤 비싼 금액임에도 불구하고 최한기는 그 책을 샀어요. 그 후로도 많은 책을 사들였어요. 그러다 끝내 그 많던 재산이 바닥을 드러냈어요.

그 소식을 듣고 한 친구가 최한기의 집에 찾아왔어요.

"자네, 책 사는 데 재산을 다 썼다고 들었네. 참으로 안됐네 그려."

"안되긴 뭐가 안됐단 말인가. 책만큼 값어치 있는 재산이 또 어디 있겠나?"

"허허, 그렇긴 하지. 그나저나 앞으로 자네도 책을 살 때 책값을 좀 깎지 그러나."

그러자 최한기는 고개를 내저으며 말했어요.

"나는 책을 지은 사람을 만나기 위해서는 천 리 길이라도 찾아갈 생각이네. 하지만 지금 나는 아무 수고도 하지 않고 가만히 앉아서 책의 저자를 만날 수 있으니, 그 책값이 얼마나 싼 건가?"

이런 말이 있어요. '책값을 줄이면 꿈이 줄어든다.' 그만큼 책 속에는 꿈이 있고 미래가 있다는 말입니다. 이 말처럼 여러분도 이제는 책을 사는 데 돈을 투자하세요. 책이 너무 비싸다고요? 그렇지 않아요. 아무리 책이 비싸다고 해도 분명 책은 그 값보다 훨씬 더 큰 가치를 담고 있답니다. 책 속에는 저자가 오랫동안 연구한 내용과 저자의 삶이 담겨 있기 때문이에요. 그리고 한 권의 책에 들어 있는 정보를 다른 방법으로 얻으려면 책값의 몇 배는 더 지불해야 할 거예요.

여러분, 옷은 시간이 지나면 해지고 찢어지지만 책은 시간이 지나도 여전히 그 가치와 위대함을 품고 있답니다.

책벌레들을 위한 지식 도서관

최한기 (1803~1877)
조선 후기의 과학사상가다. 1825년에 급제하고 나서 학문에 전념하다가, 벼슬에 오르기도 했다. 천문·지리·농학·의학·수학 등 학문 전반에 대한 해박한 지식을 가지고 있었다. 또한 1,000여 권의 저서를 남겼는데 현재는 15종 80여 권만 남아 있다. 대동여지도를 만든 지리학자 김정호와 절친한 친구이기도 하다.

헬렌 켈러의 의지
어려움이 있어도 독서 의지를 꺾지 마라

만약 여러분이 세상을 볼 수 있는 눈이 없다면 어땠을까요? 만약 여러분이 새소리, 파도소리, 노랫소리를 들을 수 있는 귀가 없다면 어땠을까요? 만약 여러분이 친구들과 이야기를 명확하게 나눌 수 없다면 어땠을까요?

다시 말해서 볼 수도 없고 들을 수도 없고 말하는 데 장애를 갖고 있다면 어땠을까요? 정말로 괴로웠을 겁니다. 하루하루가 절망스럽고 살아갈 희망이 보이지 않았을 겁니다.

헬렌 켈러는 미국 앨라배마 주의 작은 시골마을에서 태어났습니다. 어릴 적 큰 병을 앓고 나서 시각과 청각을 모두 잃고 말았죠. 어린 나이에 눈과 귀의 기능을 잃었다는 게 얼마나 큰 고통으로 다가왔을까요?

그녀가 여섯 살이 될 무렵, 가정교사 한 명이 왔어요. 선생님의 이름은 앤 설리번이었어요.

헬렌 켈러는 절망적인 표정을 지으며 선생님께 마음으로 말했어요.

"선생님, 왜 저는 앞을 볼 수 없나요? 왜 저는 들을 수 없나요? 왜 그런 거죠? 왜요."

눈시울이 붉어진 헬렌 켈러를 보며 설리번 선생님은 너무나 마음이 아팠어요. 따듯한 위로의 말을 전하고 싶었지만 설리번 선생님은 오히려 단호한 말투로 말했어요.

"헬렌 켈러, 내 말 잘 들으렴. 넌 비록 신체적인 장애를 가졌지만 그렇다고 인생이 끝난 건 아니란다. 인생은 주어지는 게 아니라 스스로 만드는 거란다."

설리번 선생님의 진심 어린 조언에 헬렌 켈러의 마음이 움직였어요.

'그래, 내 인생은 내가 만들 거야.'

그 후, 헬렌 켈러는 달라졌어요. 더이상 절망 속에 빠져 있지 않고 희망찬 내일을 믿기로 했어요. 남들보다는 불리한 상황이지만 그래도 강한 의지만 있다면 뭐든 될 거라 생각했어요.

"헬렌 켈러, 책이 너를 우뚝 서게 할 거야. 늘 책과 가까이 하렴."

헬렌 켈러는 손가락으로 점자를 익혔어요. 그리고 점자로 된 책을 읽기 시작했어요.

"선생님, 책은 정말 놀라워요."

"뭐가 놀랍지?"

"내 눈이 보이지 않지만 모든 것을 다 볼 수 있어요. 내 귀가 들리지 않지만 모든 것이 다 들려요. 책은 나를 세상과 소통하게 만들어요."

"그래. 맞다. 책은 너를 어디든 데려다주고 누군가와도 대화를 할 수 있게 만드는 마법사야."

헬렌 켈러는 강철 같은 의지로 독서를 계속 이어갔어요. 역사, 철학, 정치 등 다양한 책을 섭렵했고 특히 문학을 사랑했어요. 거기에 멈추지 않고 대학교까지 가게 되었죠. 그 사실은 참으로 놀라운 일이에요. 그녀는 세계 최초로 대학교육을 받은 시각, 청각 장애인이 된 거죠.

모든 것은 의지에 달려 있어요. 내가 반드시 책벌레가 되고자 하는 강력한 의지가 있다면 그 무엇도 여러분을 꺾을 수 없어요. 하지만 하고자 하는 의지가 약해진다면 모든 것은 무너지죠. 그런 사람들은 일단 핑계거리부터 찾아요. "나는 원래부터 책과 안 친해." 이런 식으로 말이죠. 하지만 원래부터 책과 안 친한 사람은 없어요. 그저 책과 친해지려고 노력을 하지 않았을 뿐이죠. 물론 억지로 책과 친해질 필요는 없어요. 하지만 조금이라도 책과 친해지고 싶은 생각이 있다면 마음을 단단히 먹어야 해요. 한 달에 한 권을 읽겠다는 의지를 세웠다면 그 어떤 방해에도 굴하지 않고 끝까지 그 목표를 달성해야 해요. 의지를 꺾지 말아야 해요. 여러분보다 훨씬 더 힘든 상황에서도 자신의 의지를 꺾지 않고 삶을 멋지게 개척하는 사람이 있잖아요. 헬렌 켈러처럼 말이죠. 여러분도 해낼 수 있어요. 꺾이지 않는 그 의지를 믿습니다.

마지막으로 헬렌 켈러의 '내가 만약 3일 동안만 볼 수 있다면'이란 글을 남깁니다.

내가 만약 3일 동안만 볼 수 있다면

첫날에는 나를 가르쳐 준 설리번 선생님을 찾아가 그 분의 얼굴을 바라보겠습니다. 그리고 산으로 가서 아름다운 꽃과 풀과 빛나는 노을을 볼 것입니다.

둘째 날에는 새벽에 일찍 일어나 먼동이 터오는 모습을 보고 싶습니다. 저녁에는 영롱하게 빛나는 하늘의 별을 볼 것입니다.

셋째 날에는 아침 일찍 큰길로 나가 부지런히 출근하는 사람들의 활기찬 표정을 보고 싶습니다. 점심 때는 아름다운 영화를 보고, 저녁 때는 화려한 네온사인과 쇼윈도의 상품들을 구경할 것입니다.

3일 동안 눈을 뜨게 해주신 하나님께 감사의 기도를 드립니다.

책벌레들을 위한 지식 도서관

헬렌 켈러 (1880~1968)
미국의 작가이자 사회운동가다. 세계 최초로 대학교육을 받은 시각, 청각 장애인이다. 장애인들을 위한 교육, 사회복지시설의 개선을 위해 앞장섰고 여성, 노동자 등 소외된 사람들의 인권을 위해 사회운동을 펼쳤다.

김득신과 하인
한 번 읽은 책도 여러 번 다시 읽어라

지수는 경희가 부러웠어요. 경희는 시험 볼 때마다 백 점을 맞기 때문이죠.

집에 가는 길에 지수가 경희에게 물었어요.

"너는 어떻게 그렇게 공부를 잘하니?"

"난 공부하는 게 제일 쉬워."

"뭐 공부가 쉽다고?"

"그래, 내가 하는 방법대로만 하면 공부가 쉬워. 그리고 백 점도 맞을 수 있고."

경희의 말을 듣고 지수의 눈이 동그래졌어요.

"경희야, 공부 잘하는 방법 좀 나한테 알려줄 수 있니? 제발 부탁이야. 나도 백 점 한번 맞아 보자."

경희는 고개를 끄덕이며 말했습니다.

"알려줄 테니까 잘 들어. 아주 간단해."

"간단하다고? 그게 뭔데?"

"예습과 복습."

"뭐? 그게 비법이라고? 거짓말하지 말고 똑바로 가르쳐 줘."

경희는 고개를 내저으며 말했어요.

"절대로 시시하지 않아. 예습과 복습의 힘이 얼마나 강한데. 수업 시간에 배울 것을 미리 공부해 놓으면 선생님 설명을 쉽게 이해할 수 있고 수업 시간이 즐거워지니까 머리에 쏙쏙 들어오지. 그리고 집에 가서 그날 배운 것을 다시 한번 훑어보는 거야. 복습을 통해 완전히 내 것으로 만드는 거지. 이게 바로 내가 공부 잘하는 법이야."

어때요? 여러분도 공부 잘하는 비법이 아주 특별할 거라 생각했죠? 그러나 경희의 말처럼 아주 간단하답니다. 바로 예습과 복습이죠. 그 중에서도 중요한 건 복습이에요. 수업 시간에 배운 게 완전히 이해가 되지 않을 때는 반드시 복습을 해야 해요. 그래야 오래도록 기억에 남죠. 다시 말해서 복습은 수업 시간에 배운 걸 똑같이 한 번 더 공부하는 게 아니에요. 복습의 최종 목표는 배운 것을 이해하고 암기하는 강화 작용이죠.

조선시대, 한 번 읽은 책을 다시 또 읽기로 유명한 인물이 있습니다. 바로 조선 중기의 문장가로 이름을 날린 김득신입니다. 그는 많은 책을 읽기로도 유명했지만 한 권의 책을 반복해서 읽는 것으로 더 유명했어요.

그의 친구는 그가 책 읽을 때마다 신기한 듯 쳐다보며 말했습니다.

"자네, 도대체 그 책을 몇 번째 읽나? 그 책 좀 보게. 하도 많이 봐서 걸레가 됐지 않았나. 이제 그만 좀 보게."

"그게 무슨 소린가? 한 번 읽을 때의 느낌과 두 번 읽을 때의 느낌 그리고 세 번 읽을 때의 느낌이 모두 다 다르네. 자네도 한 권의 책을 여러 번 읽어 보게. 아주 새로운 느낌이 들 거야."

그는 글 한 편을 무려 1만 번씩 읽었답니다. 게다가 1만 번씩 읽은 글이 무려 36편이나 된다고 해요. 더더욱 놀라운 건 《사기》에 나오는 〈백이전〉을 무려 1억1만3천 번이나 읽었다니, 정말로 엄청나죠?

어느 날의 일이었어요. 하도 많이 읽어서 〈백이전〉을 다 외우고 있었죠. 그날도 그는 말을 타고 가면서 〈백이전〉을 중얼거렸습니다. 그런데 갑자기 중간에서 막힌 거예요.
"어, 왜 갑자기 기억이 나지 않지? 내가 나이를 먹었나."
그러자 옆에서 말고삐를 쥐고 있던 하인이 말했어요.
"주인님, 그 부분을 제가 알려드릴까요?"
"그래. 기억이 나지 않는구나. 네가 좀 알려다오."
하인은 김득신을 대신해서 〈백이전〉을 줄줄 외웠어요.
"허허, 제법이구나."
김득신이 하도 많이 외우고 다녀서 옆에 있던 하인조차도 입에서 술술 나왔던 거죠.

하인이 하나도 틀리지 않고 외우자, 김득신은 고개를 끄덕이며 말에서 내려왔어요.
"네가 나보다 훨씬 낫구나. 똑똑한 네가 말 위에 타거라. 내가 고삐를 잡고 갈 테니 말이다."

참으로 대단하지 않나요? 여러분도 한 번 읽고 책꽂이에 꽂아 두지 말고 읽은 책을 꺼내서 다시 한번 읽어 보세요. 한 번 읽었을 때의 느낌과 두 번 읽었을 때의 느낌과 세 번 읽었을 때의 느낌이 새록새록 다르게 느껴질 거예요. 또한 내용도 쏙쏙 잘 들어와 좀처럼 까먹지 않고 책 속의 참뜻을 마음속 깊이 새길 수 있을 거예요. 잘 알았죠? 꺼진 불도 다시 보자라는 말처럼 한 번 읽은 책도 다시 읽는 사람이 됩시다. 그러면 그 책에 관해서는 세계 최고가 될 것이고 최고의 인생을 살 수 있을 테니까요.

책벌레들을 위한 지식 도서관

김득신 (1604~1684)
조선 중기의 시인이다. 그는 어릴 때 멍청하다는 소리를 자주 들었다. 열 살 때에야 겨우 글 읽기를 시작했고 스무 살에 처음으로 글짓기를 했다. 그러나 그는 엄청난 노력가였다. 한 권의 책을 만 번 이상 읽었다. 그런 피나는 노력 끝에 마침내 당대 최고의 시인이 되었다. 저서로 《백곡집》, 《종남총지》 등이 있다.

《사기》
한나라의 전성기인 한 무제 때 활동한 역사학자이자 문학자인 사마천이 지은 책이다. 이 책은 시대 변화에 관계없이 읽히는 대표적인 고전이다. 총 130편, 52만 6,500자 분량으로 되어 있다. 《사기》의 가장 큰 장점은 그 속에 참으로 많은 사람들의 이야기가 들어 있다는 점이다. 중국 고대, 특히 격동하던 춘추전국시대를 헤쳐 간 인물들이 보여주는 다양한 삶의 방식은 읽는 이들을 매료시킨다.

맹자와 빌 게이츠
책이 많은 곳에 머물러라

여러분 '맹모삼천지교(孟母三遷之敎)'라는 말을 들어 본 적이 있나요? 이 말은 맹자 어머니가 아들 맹자를 교육시키기 위해 세 번을 이사했다는 말입니다. 그 이야기를 해 줄 테니 잘 들어 보세요.

어린 맹자가 사는 마을 뒷산에 공동묘지가 있었어요. 그래서 일주일이 멀다 하고 시체를 묻으러 오는 사람들로 늘 붐볐죠.

맹자와 친구들은 땅을 파고 슬픈 노래를 부르며 놀았어요. 맹자 어머니는 아들의 행동을 보고 마음이 아팠어요.

"무덤가에서 사니까 쟤가 보고 배우는 게 이 모양이군. 안 되겠어. 이사를 가야겠어."

어머니는 집과 땅을 팔아 곧 다른 마을로 이사를 갔어요.

이번에 이사를 온 마을 옆에는 큰 시장이 있었어요. 매일 보고 듣는 게 물건을 사고파는 일에 관한 것이었지요.

"맹자야, 이거 얼마냐?"

"응, 다섯 냥이야."

"좀 싸게 안 되니?"

"그래 좋아. 두 냥만 줘."

맹자는 친구들과 물건을 사고파는 놀이를 했어요. 어머니는 맹자의 행동을 보고 한숨을 내쉬며 말했습니다.

"장사하는 것만 보고 배웠군. 이곳에서 키웠다가는 장사꾼이 되고 말 거야."

결국 어머니는 다른 곳으로 이사를 가기로 결정했어요.

이번에 이사를 한 곳은 서당이 있는 마을이었어요. 그 마을 아이들의 손에는 하나같이 책이 들려 있었어요. 맹자는 아이들을 따라 하기 시작했습니다.

"어머니, 저 책 사고 싶어요."

"그래, 알았다."

며칠이 지나자 맹자는 책을 들고 서당에 갔어요. 그리고 길을 걸어 다닐 때도 책 읽는 소리만 냈어요.

그제서야 어머니는 가슴을 쓸어내리며 고개를 끄덕였습니다.

"그래, 바로 이곳이구나. 이 마을에 있으면 내 아들이 공부를 열심히 할 거야. 나중에 아주 훌륭한 학자가 될 거라고."

맹자는 집을 세 번이나 옮긴 어머니 덕분에 아주 훌륭한 학자가 되었답니다.

어떤 환경에서 무엇을 보고 듣느냐에 따라 여러분의 미래가 바뀔 수도 있어요. 그러니 여러분도 책이 많은 곳을 찾아가세요. 책이 많은 곳은 어딜까요? 그래

요. 도서관과 서점이지요. 친구들과 함께 도서관이나 서점에 가 보세요. 처음에는 지루하고 재미없을지 몰라도 책에 집중하다 보면 금세 얼굴에 환한 미소가 떠오를 거예요. 도서관과 서점은 공부 잘하는 사람만 가는 게 아니라 누구나 자유롭게 이용할 수 있어요. 앞으로는 도서관과 서점을 내 방처럼 편안하게 생각하세요. 그곳에서 책도 보고 친구들과 읽은 책에 대해 이야기도 나누세요. 그곳만큼 행복한 놀이터도 없을 거예요.

이제 빌 게이츠 얘기를 해 줄게요. 컴퓨터 황제이자 세계에서 가장 부자인 빌 게이츠는 자신이 성공한 이유를 다음과 같이 말했어요.

"내가 성공한 것은 어린 시절 우리 동네에 작은 도서관이 있었기 때문입니다. 나는 매일 도서관에 다녔고 그곳에서 지식과 지혜와 꿈을 얻었습니다. 만약 동네에 도서관이 없었다면 오늘의 나도 없었겠죠."

현재 빌 게이츠는 아주 키다란 집에서 살고 있는데 집에서 가장 아끼는 공간이 서재라고 합니다. 그 서재에는 1만 권이 넘는 책이 있다고 해요.

여러분도 많은 시간을 도서관과 서점에서 보낸다면, 분명히 빌 게이츠보다 더 훌륭한 사람이 될 거예요. 여러분 모두가 그렇게 되길 바랍니다.

책벌레들을 위한 지식 도서관

맹자 (BC 372년 추정~BC 289년 추정)
중국 전국시대의 사상가로 성선설을 주장했다. 그리고 왕도정치를 주장하였으나 이는 현실과 동떨어진 이상적인 주장이라고 여겨져 제후에게 채택되지 않았다. 그래서 고향에 은거하여 제자 교육에 전념하였다.

빌 게이츠 (1955~)
컴퓨터 황제로 1,240억 달러의 재산을 보유한 세계 최고의 갑부다. 워싱턴 주 시애틀에서 출생한 그는 13세에 컴퓨터 프로그래밍을 독학으로 터득했다. 1967년 레이크사이드에 입학하면서부터 컴퓨터와 관계를 맺었으며, 하버드 대학교를 중퇴하고 19세에 두 살 위인 폴 앨런과 1,500달러를 자본으로 마이크로소프트(MS)사를 설립했다. 많은 재산을 아프리카 등에 기부하고 지구온난화 문제를 알리는 데 노력하고 있다.

책과 친해지는 방법

① 장소와 상관 없이 책을 읽어라

- 독서하는 장소를 가릴 필요는 없습니다. 어디라도 상관없죠. 나폴레옹은 전쟁터에서도 책을 읽었어요. 시간이 나는 대로 책을 펼치세요. 학교를 가는 길에도 책을 읽으세요. 친구를 기다리는 동안에도 핸드폰만 쳐다보지 말고 책을 보세요. 심부름을 가는 시간에도 책을 보세요. '그 짧은 시간에 뭘 할 수 있겠어?' 하고 투덜대지 말아요. 짧은 시간이지만 그런 자투리 시간만 활용해도 책 한 권을 읽을 수 있답니다.

2 쉬는 시간에 편안한 책을 읽어라

　공부를 하다 보면 몸과 마음이 지치기 마련이죠. 그럴 때는 반드시 휴식이 필요해요. 휴식이라고 해서 그저 가만히 누워 있거나 친구들과 잡담을 나누는 게 전부는 아니랍니다. 먼저 마음의 안정을 찾으세요. 그리고 책을 보세요. '공부하느라 힘든데 또 책을 봐야 해?' 하고 불평하는 어린이도 있을 거예요. 하지만 책은 분명히 휴식에 도움이 된답니다. 책 속에는 웃음도 있고 재미도 있고 즐거움도 있죠. 책에 흠뻑 빠지다 보면 어느새 마음도 편안해질 거예요. 책은 지친 마음의 안식처이며 삶을 충전해주는 비타민이랍니다.

3 눈에 보이는 모든 곳에 책을 놓아라

　책과의 거리가 짧으면 짧을수록 좋아요. 손만 뻗으면 닿는 곳에 책을 놓으세요. 책과의 거리가 가까우면 그만큼 책을 접할 기회가 많아지죠. 책을 자주 접하다 보면 점점 책과 친해질 거예요. 화장실, 거실, 침대 등에 책을 놓아두세요. 그리고 이동할 때에도 가방이나 손에 꼭 한 권씩 들고 다니세요. 책이랑 친해지면 여러분 미래가 밝아진답니다.

❹ 시간 낭비 요소를 차단하고 책을 읽어라

● 자투리 시간을 잘 활용하는 것도 중요하지만 그전에 쓸데없는 시간 낭비 요소를 제거하는 게 더 중요해요. TV, 컴퓨터 게임, 유튜브, 미니 홈피, 메신저 등을 하면서 시간을 함부로 낭비하지 마세요. TV나 컴퓨터는 시간을 정해 놓고 반드시 그 시간 동안만 해야 합니다. 시간 계획표에 맞춰 그대로 행동하는 게 좋다는 건 당연하겠죠? 낭비하는 시간만 아껴도 많은 책을 읽을 수 있게 된답니다.

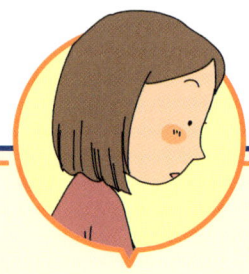

조앤 롤링과 마거릿 미첼
작가가 살아온 삶에도 관심을 가져라

《해리 포터》 시리즈를 읽어 봤나요? 아니면 영화로 만나 봤나요? 《바람과 함께 사라지다》라는 책을 읽은 친구도 있을 거예요. 그 책 역시 오래전에 영화로 만들어졌죠.

굳이 이 두 권의 책을 말하는 이유는 책을 좀 더 재미있게 읽는 방법을 알려 주기 위해서예요.

책을 좀 더 재미있게 읽는 방법 중에 하나가 바로 책을 지은 사람, 즉 저자의 삶에 대해서 알아보는 거예요. 이 책을 쓴 목적은 무엇이고, 책을 쓰는 과정에 어떤 일이 일어났으며, 지금까지 저자가 어떠한 삶을 살아왔는지를 알고 나면 그 책을 읽는 재미가 훨씬 더 커질 거예요. 다시 말해서 저자에 대해 관심을 갖고 연구를 한 다음에 책을 읽으면 그 책에 대한 애착이 더 강해지고, 다시 한번 더 읽게 된다는 얘기죠.

그럼 《해리 포터》 시리즈와 《바람과 함께 사라지다》의 저자가 어떤 삶을 살아왔는지 알아볼까요?

《해리 포터》의 작가인 조앤 K. 롤링은 작가가 되기 전에 아주 어려운 삶을 살았어요. 그녀는 포르투갈의 TV 방송국 기자와 사랑에 빠져 결혼을 했답니다. 그러나 결혼 생활은 불행했어요. 1992년 첫 아이를 임신했으나 남편과 이혼을 하게 되었죠.

"갓난아기는 있는데 일자리는 없고 앞으로 어떻게 살지?"

그녀는 정부보조금을 받아 간신히 아이에게 줄 우유를 살 수 있었어요.

그녀는 깊은 절망에 빠졌지만 단 하나의 희망이 있었죠. 바로 '글'이었어요. 그녀는 어릴 때부터 책을 읽고 상상하고 글을 쓰는 것을 좋아했거든요.

그녀는 자신의 꿈을 찾기 위해 기운을 내서 글을 쓰기 시작했어요.

"집이 너무 좁아서 글 쓸 공간이 없네."

그녀는 잠든 아이를 유모차에 태운 채 근처 카페로 가서 구석 테이블에 자리를 잡았어요. 그리고 펜을 잡고 원고지에 글을 썼어요.

1년 동안 그렇게 원고에 매달렸어요. 그래서 완성된 게 바로 《해리 포터와 마법사의 돌》이었어요. 그런데 처음에는 그녀의 원고에 관심을 갖는 출판사가 없었어요.

"도대체 이런 황당한 이야기를 누가 읽겠어?"

"이건 초등학생도 다 쓰겠다! 이 따위 원고는 가치가 없어!"

심혈을 기울여 쓴 원고가 많은 출판사에서 거절을 당하자 큰 실망에 빠졌어요. 그러던 어느날 그녀에게 희망의 불씨가 피어났어요. 한 출판사에서 연락이 온 거예요.

"아주 훌륭합니다. 어린이뿐만 아니라 어른들도 아주 재미있게 읽을 수 있는 책이 될 거예요."

마침내 1997년 《해리 포터와 마법사의 돌》이 영국에서 출판되었어요. 오랜 세월에 걸쳐 준비한 작품은 엄청난 반향을 일으켰지요. 지금까지 시리즈 여섯 권이 모두 세계 출판사상 대기록을 세우며 베스트셀러가 되었고 그녀는 백만장자가 되었답니다.

이번에는 《바람과 함께 사라지다》의 저자인 마거릿 미첼의 이야기예요.

그녀 역시 이 책을 출간하기 위해 우여곡절을 겪었습니다. 그녀는 작품을 완성한 후 3년 동안 여러 출판사를 찾아다녔어요. 그러나 유명 작가가 아니기 때문에 작품을 받아주는 출판사는 한 군데도 없었어요.

그러던 어느 날 그녀는 한 출판사의 편집장이 여행을 간다는 사실을 알고 기차역으로 달려갔어요. 그녀는 편집장에게 간곡히 말했어요.

"제발, 기차 안에서 제 원고를 한 번만 읽어 주세요. 제발 부탁드립니다."

끈질긴 그녀의 부탁에 편집장은 고개를 끄덕이며 원고를 받았어요.

편집장은 기차 안에서 그 원고를 읽어 내려갔어요. 너무나 재미있고 감동적인 내용에 깜짝 놀랐답니다. 당연히 곧바로 출간하기로 마음을 먹었죠.

그렇게 해서 《바람과 함께 사라지다》라는 작품이 탄생하게 되었답니다. 《바람과 함께 사라지다》에는 다음과 같은 멋진 글귀가 있어요.

"내일은 내일의 태양이 떠오른다."

어때요? 책의 내용은 물론 그 책을 쓴 저자의 삶과 집필과정을 아는 것도 재미있죠? 여러분도 지금 읽고 있는 책의 저자에 대해서 자세히 알아보세요. 알고 싶은 건 참으면 안 돼요.

책벌레들을 위한 지식 도서관

《해리 포터와 마법사의 돌》

조앤 K. 롤링이 쓴 판타지 소설이다. 《해리 포터》 소설 연작 가운데 첫번째 작품인 《해리 포터와 마법사의 돌》은 1997년에 출판되었다. 이 작품이 큰 성공을 거두면서 전 세계적으로 알려졌고 영화로도 제작되었다. 《해리 포터》 시리즈는 2007년에 《해리 포터와 죽음의 성물》을 마지막으로 완결되었다. 《해리 포터》 시리즈를 통해 조앤 K. 롤링은 영국 여왕보다도 더 큰 부자가 되었다.

《바람과 함께 사라지다》

미국의 작가 마거렛 미첼의 장편소설로 1,000페이지가 넘는 대작이다. 집필에 10년(1926~1936)이 걸렸고 1936년에 출판되었다. 남북전쟁과 전후의 재건을 배경으로 급변하는 사회상을 섬세하게 묘사하면서 아름답고 억센 남부 여성 스칼렛 오하라가 황폐한 시대를 힘차게 살아가는 모습을 간결한 문체와 정교한 묘사로 그려냈다. 이 작품으로 마거렛 미첼은 1937년에 미국에서 가장 권위 있는 상인 퓰리처상을 받았다.

존 고다드의 꿈의 목록
읽고 싶은 책의 목록을 작성하라

여러분은 '존 고다드'라는 이름을 들어본 적이 있나요? 신문 기사나 책에서 얼핏 들은 적이 있는 친구도 있을 테고, 아주 생소한 이름이라고 고개를 갸우뚱하는 친구도 있을 거예요. 지금부터는 존 고다드의 이야기를 해 줄 거니까 잘 들어 보세요.

존 고다드가 어렸을 적, 할머니와 숙모가 대화하는 걸 듣게 되었습니다.

"이것을 내가 젊었을 때 했더라면……."

할머니와 숙모는 젊었을 때 하고 싶었던 일을 하지 못한 걸 후회

하며 한숨을 내쉬었어요. 그 이야기를 듣고 존 고다드는 마음속으로 생각했어요.

"그래, 나는 후회 없는 인생을 살 거야. 하고 싶은 게 있으면 다 하면서 살 거야."

세월이 흘러 존 고다드는 열일곱 살이 되었어요. 그리고 자신이 이루고 싶은 꿈과 하고 싶은 일들을 구체적으로 생각했어요. 그리고 종이 한 장을 식탁 위에 올려놓고 그 생각을 적기 시작했어요.

'내가 이루고 싶은 꿈의 목록.'

그리고 그 밑에 자기가 이루고 싶은 꿈을 쭉 적어 내려갔어요.

<꼭 한 번 가 봐야 할 곳>

이집트의 나일 강

남미의 아마존 강

중국의 양쯔 강

중앙아프리카의 콩고

뉴기니 섬

알래스카

에베레스트 산

아프리카 최고봉인 킬리만자로 산

일본의 후지 산

<배워야 할 것>

비행기 조종술

말타기

<수영해 보고 싶은 곳>

미국 서부의 요세미테 폭포

나이아가라 폭포

홍해

북극과 남극

<해낼 일>

잠수함 타기

검도 배우기

대학 강의

책 한 권 쓰기

윗몸 일으키기 200회

배 타고 세계 일주하기

달 여행……

그는 자신이 이루고자 하는 꿈을 무려 127가지나 적었어요. 그리고 꿈의 목록을 실천하기 위해 노력한 덕에 111가지나 이루었어요. 점점 꿈의 목록이 늘어나 500가지나 되었는데, 세월이 흘러 노인이 되었을 때도 그 꿈을 이루기 위한 노력을 멈추지 않았어요. 늘 꿈을 꾸고 그 꿈을 이루기 위한 삶을 살았지요.

존 고다드는 이렇게 말했습니다.
"나는 끊임없이 나의 한계에 도전하고 싶었습니다. 독수리처럼 말입니다."

존 고다드의 경우처럼 이루고자 하는 꿈이 있다면 그 꿈을 이루기 위해 목록을 만들어 보세요. 기록하고, 하나하나 실천해 나가면 결국 모든 꿈을 이룰 수 있을 거예요.

책 읽기도 존 고다드가 작성한 꿈의 목록처럼 적용해 보는 것이 좋아요. 일단 너무 욕심 부리지 말고 읽고 싶은 책 다섯 권을 작성해 보세요. 기간도 정해 두는 게 좋아요. 한 달에 다섯 권 읽기, 일주일에 한 권 읽기…… 이런 식으로 말이에요. 이렇게 기간을 정해 놓고 나면 각오도 새로워지고 정확한 목표가 생겼기 때문에 그 책을 읽기 위해 더더욱 노력하게 된답니다.

그럼, 아래에 여러분이 읽고 싶은 책의 목록을 작성해 보세요.

내가 읽고 싶은 책의 목록

1 _____

2 _____

3 _____

4 _____

5 _____

정해 놓은 시간 내에 반드시 그 책을 다 읽도록 노력하세요. 처음에는 짧은 책이라도 한 달에 다섯 권 읽는다는 게 좀 무리일 수도 있어요. 그래도 포기하지 말고 꼭 그 책을 다 읽기 바랍니다. 그러면 읽는 속도가 점점 빨라지고 또한 책에 대한 흥미와 관심이 커져 자기도 모르게 자연스럽게 책 읽는 습관이 생길 거예요. 그 다음에는 다른 책 읽기에도 도전해 보세요.

책벌레들을 위한 지식 도서관

존 고다드 (1924~2013)

탐험가이자 인류학자, 다큐멘터리 제작자다. 그는 예순 살이 훨씬 넘은 나이에도 불구하고 사냥 여행을 떠나고, 카약 하나에 의지하여 세계에서 가장 긴 나일 강 탐험을 역사상 처음으로 해낸 인물이기도 하다. 그는 127개의 꿈의 목록을 썼고, 그 중 111개의 꿈을 성취했으며, 그 후로도 500여 개의 꿈을 더 이루기 위해 노력했다. 존 고다드의 꿈의 목록 이야기와 탐험 이야기는 여러 잡지의 수많은 기사에 나왔고 《존 아저씨의 꿈의 목록》이라는 책으로 출간되었다.

잭 웰치와 장영실
꿈을 이룬 나의 모습을 상상하며 책을 읽어라

"우리 집은 왜 이렇게 못살지. 나도 부잣집에 태어났으면 좋으련만!"

"나는 왜 이렇게 키가 작지? 딱 10cm만 더 컸으면 좋겠는데."

"나는 왜 말을 자꾸 더듬는 걸까? 말을 유창하게 잘하면 좋을 텐데."

"내 얼굴은 왜 이렇게 못생겼을까? 난 세상에서 거울 보는 게 제일 싫어!"

자신에게 주어진 상황이 못마땅해 불평과 불만을 늘어놓은 적이 있나요? 물론 한두 번씩은 그런 경험이 있겠지만 습관처럼 그러면 안 돼요. 어쩌면 자기 자신을 미워하게 될지도 모르니까요. 자기 자신을 미워하면서 남을 사랑하기는 무척 힘들죠. 그러면 상황이 더더욱 좋지 않은 방향으로 흘러갈 거예요. 멈출 때는 멈출 줄 알아야 합니다.

성공한 사람들의 어린 시절을 자세히 들여다보면 그들에게도 아픔과 상처가 있었어요. 하지만 그 아픔과 상처의 늪에 머물지 않고 희망과 꿈의 바다로 나아갔어요.

잭 웰치는 어린 시절에 말을 더듬는 아이였어요. 그래서 늘 친구들에게 놀림을 당했죠.

"너는 말도 제대로 못하는데 커서 뭐가 될 거니?"

"그러게 말이야. 우리 엄마가 말더듬이하고 놀지 말랬어."

"말도 못 하는 게 키도 작아 가지고. 메롱~"

친구들이 놀리면 놀릴수록 그는 이를 악물었어요.

"그래, 난 분명 이 상황을 극복할 거야. 그래서 누구보다도 더 말을 잘하는 사람이 될 거야."

그는 마크 트웨인의 《톰 소여의 모험》을 또박또박 읽는 연습을 했어요. 아주 오랫동안 계속했답니다. 말더듬이의 늪에서 벗어나 꿈과 희망으로 가득 찬 넓은 바다로 나가기 위해 열심히 노력했어요. 마침내 그는 자신의 단점이자 상처였던 말 더듬는 것을 극복하게 되었어요.

그리고 먼 훗날, 제너럴 일렉트릭의 회장이 되었어요. 그리고 명강연가로 전 세계를 돌아다니며 강의했답니다.

신분 제도가 엄격했던 조선시대에 장영실은 천민으로 태어났어요. 그래서 늘 양반집 아이들에게 놀림을 당했죠. 또한 마음대로 공부도 할 수 없었어요.

"저리 가! 감히 여기가 어디라고 천민이 우리랑 같이 공부를 하려고 해!"

"그러게 말이야. 더러우니까 저리 가!"

장영실은 양반집 아이들의 공부가 다 끝난 후에야 혼자서 훈장님께 글을 배울 수 있었어요. 장영실은 남보다 더 열심히 글을 배웠어요.

"나는 천민 신분이지만 열심히 공부해서 나중에 훌륭한 사람이 될 거야!"

일을 할 때도 밥을 먹을 때도 장영실은 책에 자신의 꿈을 담아 열심히 읽었어요. 그래서 어린 나이에 《천자문》은 물론 《명심보감》까지 다 뗄 수 있었어요. 장영실은 특히 과학에 관심이 많았죠. 그래서 중국에서 들여온 과학책도 구해서 읽기 시작했답니다.

세월이 흘러 어른이 된 장영실에게 좋은 기회가 왔습니다. 태종 임금이 신분의 높고 낮음에 상관없이 학식과 재능이 뛰어난 인재를 뽑으라고 명을 내렸던 거예요. 과학 분야의 실력이 뛰어난 장영실은 결국 관청에 들어갈 수 있었고 그는 헌신적인 연구를 통해 우리나라 과학 발전을 앞당기는 훌륭한 인물이 되었죠.

　잭 웰치와 장영실은 어릴 때 단점과 아픔이 있었지만 좌절하거나 자신을 미워하지 않았어요. 오히려 단점과 아픔을 발전의 계기로 삼았죠. 그리고 그 탈출구를 책에서 찾아냈어요. 책은 모든 것을 가능하게 만듭니다. 책 속에는 꿈과 희망과 미래가 담겨져 있기 때문이죠.

　여러분도 혹시 단점 때문에 고민하거나 자신이 처한 상황이 좋지 않아 속상해 하고 있다면 절대로 낙담하지 마세요. 거친 바람을 이겨낸 묘목만이 든든한 나무로 성장할 수 있답니다. 여러분도 힘이 들 때면 책을 읽으세요. 꿈을 이룬 나를 상상하면서 책을 읽으세요. 그러면 분명 책은 여러분을 더 큰 사람으로 더 큰 희망으로 만들어 줄 겁니다.

책벌레들을 위한 지식 도서관

잭 웰치 (1935~2020)
세계적인 기업인이다. 1960년에 GE에 입사한 후 자신만의 독특한 사업 및 경영 방식으로 승진을 거듭한 그는 1981년에 마침내 GE의 최연소 회장이 되었다. 자신의 성공 비법을 전하는 강연가로도 유명하다.

《톰 소여의 모험》
미국의 작가 마크 트웨인의 소설이다. 공상에 빠져들기를 좋아하는 활발한 악동 톰의 성장기를 그린 작품이다. 여름 태양이 내리쬐는 대자연의 강과 숲을 배경으로 허크와 해적놀이를 하고 동굴의 보물찾기에 나서는 등 소년들의 마음을 설레게 하는 내용이다.

장영실
조선 세종 때의 과학자다. 타고난 재능과 성실한 노력으로 천민이라는 신분의 한계를 극복하고 수많은 과학 기구를 발명하였다. 그가 만든 측우기는 서양보다 200년이나 앞선 세계 최초의 우량계였다. 간의, 혼천의, 자격루, 앙부일구 등은 백성들의 생활과 농업 발전에 큰 도움을 주었다.

《명심보감》
조선시대 어린이의 인격수양을 위한 한문 교양서다. 《명심보감》을 말 그대로 풀이하면 '마음을 밝게 하는 보배로운 거울'이란 뜻이다. 고려 충렬왕 때에 추적이 중국 고전에서 보배로운 말이나 글을 가려 뽑아 묶은 책이다.

아인슈타인과 기억력
책을 읽고 자기만의 느낌을 메모하라

진호가 친구에게 말했습니다.

"내가 며칠 전에 우리 형한테 정말로 웃긴 얘기를 들었는데, 얘기해 줄까?"

"그래, 좋아. 어서 말해 봐."

"어느 마을에 만득이라는 바보가 살았는데 만득이가 호숫가에 빠지고 말았어. 만득이는 살려 달라고 소리를 질렀지. 어, 그런데……."

"그런데 어쨌다는 거야?"

"그런데……. 흐, 뭐였더라? 갑자기 이야기가 생각이 안 나네."

"어휴! 진호 네가 그럼 그렇지. 그렇게 기억력이 나빠서 앞으로 어떻게 살래!"

여러분도 진호와 같은 경험을 한 적이 있지요? 재미있는 이야기를 친구에게 말하려고 하는데 그 이야기가 갑자기 기억나지 않거나, 엄마가 마트에 심부름을 보냈는데 막상 마트에 도착하니 뭘 사 오라고 했는지 까먹은 적 말이에요.

우리의 뇌는 기억력에 한계가 있어요. 아무리 중요한 일이라도 시간이 지나면 까먹거나 때론 방금 전의 일도 다른 일에 신경을 쓰다 보면 순식간에 잊어버릴 때가 있죠. 또 학교 준비물을 깜박 잊고 안 가져간 적도 있을 거예요.

이처럼 사람의 기억이란 영원할 수가 없습니다. 잊어버리기 마련이죠. 그렇다면 기억을 오래도록 지속하려면 어떻게 해야 할까요?

아인슈타인이 공원 벤치에 앉아 비둘기에게 모이를 주며 쉬고 있었어요.

"많이 먹고 아주 높이 날아올라라. 너희들은 잘도 먹는구나."

그런데 낯이 익은 사람이 아인슈타인에게 다가왔어요. 그 사람은 신문기자였습니다.

"안녕하세요, 박사님."

"이번에는 뭐가 또 궁금해서 이렇게 나를 찾아왔습니까?"

기자는 잠시 머뭇거리더니 조심스럽게 말을 꺼냈어요.

"이런 말씀을 드려도 되는지 모르겠지만 저는 예전부터 박사님의 실험실에 한번 가보고 싶었습니다. 저에게 실험실을 좀 보여주실 수 있습니까?"

아인슈타인은 고개를 내저으며 말했어요.

"기자 양반, 굳이 갈 필요 없습니다."

"갈 필요가 없다니 무슨 말씀이세요?"

"괜히 갔다가 실망만 할 거요. 내 실험실에는 별 게 없습니다."

"그래도 꼭 한번 가고 싶습니다. 허락해 주십시오."

기자의 애절한 부탁에 아인슈타인은 마침내 고개를 끄덕였습니다.

"좋소. 함께 갑시다."

아인슈타인과 기자는 실험실로 향했어요.

기자는 몹시 설렜어요. 아인슈타인은 세계적인 과학자이기 때문에 실험실에는 최첨단 과학 장비가 가득할 거라고 생각했죠. 그런

데 실험실에 들어선 순간 기자는 실망하고 말았어요. 거기엔 낡은 과학 장비만 가득했거든요.

기자는 고개를 갸웃거리며 물었습니다.

"박사님, 실험실이 왜 이렇게 초라하죠? 이런 실험실에서 어떻게 그렇게 위대한 발명을 하셨는지 이해가 잘 되지 않는데요?"

그러자 아이슈타인은 손가락으로 책상 위에 놓인 노트와 만년필을 가리키며 말했어요.

"저거면 충분합니다. 나는 문득문득 좋은 생각이 떠오르면 즉시 노트에 메모를 해놓습니다. 그리고 밤이 되면 노트에 적혀 있는 대로 연구하고 실험하죠. 메모하는 습관 덕분에 여러 가지 발명을 할 수 있었어요."

성공한 사람들은 대부분 메모의 달인입니다. 아인슈타인뿐만 아니라 세계적인 과학자이자 예술가인 레오나르도 다 빈치도 마찬가지였죠. 메모를 통해 그들은 스쳐 지나가는 생각을 붙들어 놓았어요. 그랬기에 번뜩이는 생각과 영감을 놓치지 않고 위대한 발명품과 작품으로 남길 수 있었던 거예요.

여러분도 책을 읽었으면 메모를 남겨 놓아야 해요. 이게 무엇일까요? 맞아요, 바로 독후감이에요.
"책 읽는 것도 힘든데 독후감까지 써야 해요? 독후감은 어려워요."
써보기도 전에 걱정이 가득한 친구들도 있겠지만, 독후감에 대해 너무 부담스러워할 필요는 없어요. 형식에 구애받지 않고 자신의 생각과 느낌을 독서 노트에 정리만 하면 된답니다. 잘 정리해 놓으면 독서 노트가 나중에 여러분의 역사가 되고 지식의 창고가 될 거예요. 그리고 독후감을 쓰면 또 얻는 게 있죠. 글쓰기에 도움이 되고 논리력과 상상력이 풍부해집니다. 어때요? 책을 읽으면 반드시 독후감을 써야겠죠?

책벌레들을 위한 지식 도서관

아인슈타인 (1879~1955)

미국의 물리학자로 독일 울름에서 태어났다. 그의 상대성이론은 뉴턴의 물리학을 넘어서는 과학적 업적으로 평가받고 있다. 1921년 이론 물리학 분야에서의 공헌으로 노벨 물리학상을 수상했다. 1952년 이스라엘의 대통령직을 제의받았으나 거절했다. 아인슈타인은 물리학자이자 20세기 서구 사회의 대표적인 양심적 지식인으로서 평화주의 운동에 헌신하고 정치, 사회, 종교, 철학, 교육, 인권 등 다양한 분야에 대한 성찰이 담긴 글을 많이 남겼다.

레오나르도 다 빈치 (1452~1519)

이탈리아의 미술가이자 과학자다. 15세 때부터 회화와 조각에 관한 다양한 훈련을 받기 시작했다. 과학적 실험과 해부학에도 지대한 관심을 기울였다. 피렌체·밀라노·프랑스에서 주로 활동하였다. '모나리자', '최후의 만찬' 등의 그림을 그린 화가일 뿐 아니라 과학자, 기술자, 발명가, 조각가, 건축가로도 유명하다. 많은 책과 그림을 남겼으며 어린이를 위한 동화를 쓰기도 했다.

멘토와 알렉산더 대왕
책 선생님을 찾아 나서라

여러분은 고민거리나 어려운 문제가 있으면 가장 먼저 누구에게 말하나요? 엄마를 찾거나 선생님께 해답을 구하는 친구도 있을 거예요. 아니면 친구나 언니, 오빠에게 고민을 털어놓는 친구도 있을 거예요. 이처럼 자신의 고민거리나 어려운 문제를 해결해 주고 더 나아가 꿈을 이룰 수 있도록 도움을 주는 사람을 멘토(Mentor)라고 합니다. 멘토의 유래를 알아볼까요?

트로이 전쟁 때 일이랍니다. 그리스 연합국 중에 소속되어 있던 '이타카' 국가의 왕인 오디세우스가 트로이 전쟁에 나가게 되었어요. 그런데 아직 어린 아들을 두고 전쟁터로 가는 게 큰 걱정이었어요.

"이 어린아이를 누구에게 맡기고 간단 말이지? 내가 전쟁터에 있는 동안 이 아이를 잘 키워 주고 지식과 지혜를 가르쳐 줄 만한 스승이 있으면 좋을 텐데."

오디세우스가 한참을 고민하던 중 친구 한 명이 떠올랐어요.

"그래, 멘토야. 그 친구가 좋겠군."

오디세우스는 친구인 멘토에게 아이를 맡기며 부탁했어요.

"내가 전쟁터에 나가 있는 동안 자네가 내 아이를 맡아 주게. 자네라면 내 아이를 훌륭하게 돌보아 줄 거라 믿네."

"알았네. 걱정하지 말고 전쟁을 승리로 이끌게."

멘토는 친구의 아들을 친아들처럼 정성과 사랑으로 키웠어요. 그리고 시간 나는 대로 책도 읽어 주고 앞으로 어떻게 살아가야 하는지에 대해서도 알려 주었어요. 때론 친구가 되어 주고 때론 엄격한 선생님이 되기도 한 거죠.

그 후로 10년이 지나고 전쟁터에서 오디세우스가 돌아왔어요.

오디세우스는 잘 자란 아들을 보고 깜짝 놀랐어요.

"진정 네가 내 아들이란 말이냐. 오, 너무나 늠름하고 총명해 보이는구나."

오디세우스는 친구인 멘토에게 고마워했어요.

"자네 덕분에 내 아들이 이렇게 훌륭하게 자랐네. 정말 고맙네."

그 후로 사람들은 제자를 멋지게 키운 사람을 가리켜 '멘토'라고 부르게 되었답니다.

사람은 누군가의 도움이 필요할 때가 있습니다. 사람은 신처럼 완벽한 존재가 아니기 때문이죠. 그래서 자신이 어려움에 처했을 때 도움을 주고 좋은 길로 이끌어 줄 인생의 스승이 필요한 거예요.

알렉산더 대왕은 자신의 지식을 보충하고 삶의 방향을 정하기 위해서 누군가가 필요했어요. 그래서 멘토를 찾아 나섰어요. 그 멘토가 바로 고대 철학자인 아리스토텔레스였답니다.

어느 날 알렉산더 대왕은 서재에서 책을 읽다가 갑자기 책을 덮고선 신하에게 말했어요.

"나는 지금까지 수천 권의 책을 읽었다. 그런데 아직도 부족한 것 같구나. 책에 대해서 대화할 사람이 필요하다. 그리고 내가 힘든 결정을 내려야 할 때 도움을 줄 만한 사람도 필요하다. 어디 그런 사람이 없겠느냐?"

신하는 한참을 고민하더니 입을 열었습니다.

"아리스토텔레스가 좋겠습니다. 그는 소크라테스의 철학을 다 꿰고 있는 플라톤의 제자입니다. 그에게 배우시면 대왕님은 지금보다 훨씬 더 훌륭한 왕이 되실 겁니다."

알렉산더 대왕은 바로 아리스토텔레스를 궁으로 모셨어요. 그리고 아리스토텔레스를 책 선생님이자 인생의 스승으로 모셨지요.

"대왕님, 이 책을 한 번 읽어 보시지요. 이 책이 참으로 많은 도움이 될 것입니다. 그리고 늘 잊지 마십시오. 왕은 자신의 이익보다는 국민의 이익을 위해 살아야 하는 것입니다."

"알겠습니다."

아리스토텔레스의 가르침을 받은 알렉산더 대왕은 더더욱 책을 좋아하게 되었고 전쟁터에서조차 책을 읽었어요. 전쟁터에서 읽던 책에 이해가 안 가는 부분이 있으면 스승에게 편지로 물어보기도 했어요.

알렉산더 대왕은 죽는 그 순간까지 책을 읽었어요. 죽기 직전 그의 배 위에는 《오디세이아》가 놓여 있었죠. 후세에 와서 나폴레옹도 알렉산더 대왕처럼 늘 책을 가까이하고 전쟁터에서도 책을 읽었죠.

여러분도 책을 읽다가 이해가 안 가거나 어려운 부분이 있으면 그것을 해결해 줄 수 있는 책 선생님을 한 명 두세요. 학교 독서반 선생님이거나 작가일 수도 있죠. 물론 그분들과 친해지는 건 여러분의 몫이에요. 독서반 선생님이나 작가와 친해지기 위해 작전을 짜 보세요. 독서반 선생님께 음료수를 건네면서 반갑게 인사를 하거나 매일 매일 도서관에서 눈도장을 찍는 건 어떨까요? 작가와 친해지기 위해서 작가의 집을 직접 방문하거나 마음을 담은 편지를 보내는 방법도 괜찮을 것 같군요. 책 선생님을 구하고 나면 참으로 마음이 든든할 거예요. 책에 대한 사랑도 훨씬 깊어지겠죠. 꼭 자신의 인생에 빛을 밝혀 줄 책 선생님을 구하는 데 성공하길 바랍니다.

책벌레들을 위한 지식 도서관

알렉산더 대왕 (BC 356~BC 323)
마케도니아의 왕으로 그리스, 페르시아, 인도에 이르는 대제국을 건설하였다. 드넓은 정복지에 다수의 도시를 건설하여 동서 교통과 경제 발전에 기여하였다. 자기가 정복한 땅에 '알렉산드리아'라는 이름을 붙였다.

아리스토텔레스 (BC 384~BC 322)
고대 그리스의 철학자로 논리학을 창건하였다. 어린 시절 궁전에서 수준 높은 교육을 받으면서 성장하였고, 17살이 되던 해에 아테네로 가서 죽을 때까지 철학 공부를 하였다. 플라톤의 수제자이며, 많은 사람들에게 자신의 깨달음을 설파하며 살았다. "인내는 쓰지만 그 열매는 달다"는 명언을 남겼다.

《오디세이아》
그리스 작가인 호메로스가 쓴 대서사시로 1만 2,110행으로 되어 있는 그리스 신화에서 유명한 이야기이다. 그리스 군이 트로이를 공략한 다음 오디세우스가 10년간 해상을 표류하며 겪은 모험과 귀국에 관한 이야기를 40일간의 사건으로 처리하였다.

카네기와 도서관
지식의 바다, 도서관에 자주 가라

도서관에 가본 적이 있나요? 그곳에 가면 어떤가요? 도서관에 가면 일단 엄청나게 많은 책을 만날 수 있을 거예요. 도서관은 다양한 주제와 분야의 책, 저널, 논문 등을 수집하고 보관하는 지식의 창고예요. 그뿐만 아니죠. 도서관은 사람들의 소통과 교류의 장을 제공하기도 해요. 독서 클럽, 세미나 등 다양한 행사를 통해 서로를 알아갈 수도 있죠.

이처럼 도서관은 우리에게 지적인 만족과 사람에 대한 행복을 주는 아주 유용한 장소죠. 이러한 도서관이 아주 아주 많았으면 좋겠죠?

철강왕으로 유명한 세계적인 부자, 앤드류 카네기는 무려 3천 개가 넘는 도서관을 건립하는 데 돈을 기부했어요. 그는 왜 그 많은 돈을 도서관 건립에 기부를 한 걸까요?

어릴 적, 카네기의 집은 아주 가난했어요.

"카네기, 우리 같이 놀래?"

"나도 놀고 싶지만 그럴 시간이 없어."

"왜?"

"우리집은 가난하잖아. 그래서 돈을 벌어야 해."

"넌 아직 어리잖아. 근데 일을 한다고? 그러지 말고 우리 같이 놀자."

"미안해. 어쩔 수 없어. 돈을 빨리 벌어 가난에서 벗어나야 해."

카네기는 어린 나이에도 불구하고 돈을 벌기 위해 면직물 공장에서 단순 노동자로 일을 했어요.

그러던 어느 날, 사장이 카네기에게 물었어요.

"카네기, 너 계산은 할 줄 아니?"

"네. 중학교는 못 나왔지만 그래도 계산은 할 줄 알아요."

"그렇군. 그럼 내일부터 사무 보조를 하렴."

"네. 알겠습니다."

카네기가 평소 성실하게 일하는 것을 눈여겨본 사장이 사무직을 제안한 거죠. 사무직 근무를 하다 보니 자연스럽게 글과 숫자를 더 많이 익히게 되었어요. 그리고 그 실력을 바탕으로 카네기는 우편

배달부가 되었어요.

카네기는 땀을 뻘뻘 흘리며 우편물을 이집 저집 배달했어요. 일은 힘들었지만 그래도 마음 한구석은 뿌듯했어요.

"그래, 이렇게 내가 할 수 있는 일이 있다는 건 너무나 행복해."

그렇지만 행복한 마음도 잠시 뭔가 허전함을 느꼈어요. 그건 바로 배움에 대한 갈망이었어요. 가난하기 때문에 어릴 때부터 일을 했던 터라 중학교, 고등학교를 갈 수 없었던 거죠.

카네기는 한숨을 내쉬며 중얼거렸어요.

"아, 나도 책을 보면서 공부하고 싶다."

그의 간절함이 하늘에 닿은 걸까요. 그는 제임스 앤더스 대령이 개인 도서관을 운영한다는 소식을 듣게 되었어요. 그 개인 도서관에는 400여 권의 책이 있었어요.

"와, 저 도서관에 가서 책을 읽으면 되겠다."

신이 난 카네기는 당장 그 도서관으로 달려갔어요. 그곳에는 정말 다양한 책이 있었어요.

"와, 책을 맘껏 볼 수 있는 이런 곳이 있다니 정말로 좋다."

카네기는 도서관 구석에 앉아 시간 가는 줄도 모르고 책을 읽었어요.

그 후, 그는 문학회 활동도 했어요. 회원들은 책을 읽고 그 책에 대해 토론을 했어요. 머릿속에만 있던 지식이 입 밖으로 나오니 그건 살아 있는 지식이 되었어요. 물론 토론을 통해 청중 앞에서 말하는 훈련도 자연스럽게 습득할 수 있었어요. 카네기는 책의 힘을 알게 되었고 그래서 더더욱 책에 빠져 살았어요.

물론 일도 게을리 하지 않았어요. 카네기는 철도 회사에 취직을 했고 그 후, 이제까지 모은 돈을 석유 회사에 투자했어요. 그로 인해 막대한 이득을 얻었어요. 그뿐만 아니라 그가 하는 사업은 모두 성공을 해 엄청난 부자가 되었죠.

어느 날, 신문기자가 그에게 물었어요.
"카네기 씨, 당신이 성공할 수 있었던 가장 큰 힘이 무엇인가요?"
카네기는 잠깐의 망설임도 없이 자신 있게 대답했어요.
"저의 성공 비결은 바로 책입니다. 책 속에서 세상을 살아가는 지혜를 배웠고 인생을 배웠습니다. 그리고 저는 이제까지 모은 돈을 의미 있게 쓸 것입니다."

지독한 가난을 이겨내고 세계 최고의 부자가 된 그는 도서관을 짓는 데 많은 돈을 썼습니다.

미국 전역에 무려 3천 개 이상의 '카네기도서관'을 세운 것입니다. 이처럼 위대한 성공도 그리고 위대한 자선도 결국 책으로부터 나온 거예요. 위대한 성공을 원하나요? 아름다운 자선가가 되고 싶나요? 그럼, 지금 당장 도서관에 가보세요. 그곳에서 여러분이 상상한 것보다 훨씬 더 멋진 한 사람을 만나게 될 것입니다. 그건 바로 훗날의 여러분 자신입니다.

책벌레들을 위한 지식 도서관

앤드류 카네기 (1835~1919)
미국의 기업가로 철강 산업을 개척하고 발전시켜 미국의 산업 혁명에 큰 기여를 했다. 이로써 그는 '철강왕'으로 알려지기도 했다. 또한 기업가의 업적과 더불어 자선가로서의 활동으로 미국과 세계 사회에 큰 영향을 끼쳤다.

똑똑한 독서,
4W(Why, What, When, Where) 비법

① Why? 왜 책을 읽어야 하는가?

- 책을 펼치기 전에 먼저 왜 이 책을 읽어야 하는지 생각해야 해요. 선생님이나 부모님의 강요에 의해 억지로 읽는다면 차라리 책을 덮는 게 낫죠. 왜 책을 읽어야 하는지 스스로 그 답을 한 번 찾아보세요. 흔히 책 속에는 지식과 지혜가 있다고들 말합니다. 그 이유 말고도 여러분이 책을 읽어야 할 이유가 수도 없이 많답니다. 오늘 읽을 책을 앞에 놓고 왜 이 책을 읽어야 하는지를 진지하게 생각해 보기 바랍니다.

2 What? 무슨 책을 읽을 것인가?

● 책이라고 해서 모두 다 유익한 것은 아니에요. 책 중에는 마음을 황폐하게 만드는 나쁜 책도 있어요. 그렇기 때문에 책을 선택하는 건 참으로 중요하죠. 스스로 좋은 책을 선정하기가 힘들다면 주위 사람들에게 도움을 받으세요. 독서 단체나 선생님이 추천한 책을 위주로 보거나 아니면 책을 좋아하는 친구들에게도 물어보세요. 그럼 좋은 책이 어떤 책인지 알 수 있을 거예요. 가장 중요한 건 여러분 스스로가 그 책에 대해 흥미를 느끼는 것이고요. 아무리 좋은 책일지라도 내가 재미가 없고 관심이 없다면 그 책은 좋은 책이 아니죠. 좋은 책의 최종 선택은 여러분의 몫이랍니다.

3 When? 언제 읽을 것인가?

● 컴퓨터 황제 빌 게이츠는 1년에 몇 번씩 '생각주간'을 정해 놓고 그 시간에 집중해서 사색을 하며 책을 읽었어요. 그런 시간을 만들었기 때문에 남보다 앞서 나갈 수 있었고 큰 성공을 거둘 수 있었죠. 책은 이처럼 삶은 물론 일까지 성공으로 이끄는 큰 힘을 가지고 있어요. 우리는 늘 책을 가까이 해야 해요. 수시로, 자

투리 시간을 활용하여 책을 읽으세요. 그리고 책 읽는 시간을 정해 두고 꾸준히 매일매일 읽으세요. 아니면 일주일 중에 언제라고 특정한 시간을 정해 놓고 그 시간에 집중해서 읽도록 하세요.

④ Where? 어디서 읽을 것인가?

- 책을 읽는 장소는 따로 없어요. 손이 닿는 곳에 책을 놓아두세요. 그곳이 바로 도서관이랍니다. 밤이건 낮이건 방이건 차 안이건 시간과 장소에 구애받지 말고 책을 펼치세요. 그리고 틈나는 대로 서점을 자주 이용하세요. 서점에 가서 하루 종일 한구석에 쪼그려 앉아 책 속으로 여행을 떠나 보세요. 그리고 맘에 드는 책이 있으면 아낌없이 돈을 투자하세요.

3장
매일 매일 즐거운 독서 습관

여몽과 괄목상대
독서로 나날이 크게 발전하라

옛날 중국에 오나라가 있었어요. 그곳에는 여몽이라는 장군이 있었죠.

어느 날, 오나라 황제인 손권이 그를 불렀어요.

"폐하, 저를 찾으셨습니까?"

"그래. 여몽 장군. 오늘 내가 자네에게 할 말이 있어 불렀네. 내 곁으로 더 가까이 오게."

"네. 폐하. 하실 말씀이……"

손권은 근엄한 목소리로 여몽에게 말했어요.

"여몽 장군, 자네는 무슨 책을 가장 좋아하는가? 그리고 그 책이 좋은 이유는 무엇인가?"

여몽은 바로 대답을 하지 못하고 머리만 긁적거렸어요.

"그러니까. 책이……"

"왜 그러나? 어서 말해보게."

여몽은 여전히 머뭇거릴 뿐 대답을 하지 못했어요.

손권은 고개를 끄덕이더니 이내 말했어요.

"내 주위 사람들이 자네에 대해 하는 말이 사실이로군."

여몽은 고개를 들며 조심스럽게 물었어요.

"폐하, 주위 사람들이 저에 대해 무어라 말씀했는지요?"

"잘 듣게. '여몽 장군은 힘이 세고 담력도 좋아 적군과 싸우면 언제나 승리를 하는 아주 훌륭한 명장이지만 낫 놓고 기역 자도 모르는 아주 무식한 사람'이라 했네. 정말로 자네 글을 모르는가?"

손권의 말을 들은 여몽은 얼굴이 붉어졌어요.

"부끄럽지만 저는 글을 잘 모릅니다. 어릴 적 가난해서 글을 배울 기회가 없었습니다. 그 대신 무예를 익혀 이렇게 나라에 큰 공을 세우는 장군이 되었습니다."

"그래. 자네 말대로 자네는 우리 오나라에서 없어서는 안 될 아주 훌륭한 장군일세. 하지만 다른 사람들이 자네에게 무식하다고 하는 소리는 듣기 싫네. 내가 참으로 자네를 아낀다네. 그래서 말인데, 늦었지만 지금부터라도 글을 배우는 건 어떤가? 책도 읽고 말이야."

"예. 폐하께서 저를 이렇게 아끼는 줄 몰랐습니다. 지금 당장 글도 배우고 책도 읽겠습니다."

그날 이후, 여몽은 글을 배우고 익혔어요. 그리고 닥치는 대로 책을 읽기 시작했어요. 아침에 일어나자마자 책을 펼쳤고 잠이 드는 순간까지도 책을 놓지 않았어요.

하루하루가 다르게 여몽의 지식과 지혜는 무럭무럭 성장했어요. 뒤늦게 책의 매력에 빠진 여몽은 너무나 행복했어요.

"내가 왜 이제야 책을 알게 된 걸까? 진작 알았다면 더 행복한 날이 많았을 텐데."

그러던 어느 날, 학식이 아주 높은 노숙 장군이 여몽을 찾아왔어요.

"노숙 장군님, 무슨 일이신가요?"

"요즘 자네가 책을 많이 읽는다고 들었네. 정말인지 확인하러 왔네."

"부끄럽습니다. 저의 지식은 노숙 장군님에 비하면 햇병아리에 불과합니다."

"무슨 말씀을……. 자, 그럼 우리 오나라의 미래에 대해 논의해 볼까?"

두 사람은 긴 시간 대화를 나눴어요. 대화가 끝날 무렵 노숙 장군은 여몽의 학식에 깜짝 놀랐어요.

"난 자네가 전쟁터에서 싸움 밖에 모르는 장군인 줄 알았는데 이제 보니 지식과 지혜가 하늘을 찌르는군. 대단하네."

노숙 장군의 칭찬을 받은 여몽은 태연한 표정을 지으며 말했어요.

"달라지고 싶었습니다. 과거에 머물러 있는 내가 아니고 싶었습니다. 그래서 죽도록 노력했습니다."

'괄목상대(刮目相對)'는 말이 있습니다. 이 말은 옛날에는 보잘 것

없었으나 학식이나 재주가 갑자기 훌륭해지는 것을 뜻해요. 바로 여몽을 두고 하는 말이죠.

누구나 다 어제의 나보다 더 발전된 나를 꿈꾸죠. 하지만 그건 절대로 쉬운 일이 아니에요. 간절함과 노력이 있지 않으면 발전된 나를 만날 수 없어요.

독서도 마찬가지예요. 내가 왜 이 책을 읽어야 하는지에 대한 의지 그리고 반드시 읽어야겠다는 간절함 그리고 책을 놓지 않으려는 노력이 있어야 해요. 그런 마음가짐으로 책을 접한다면 분명 여러분은 지금보다 훨씬 더 발전된 미래를 맞이할 거예요. 여몽처럼 괄목상대할 수 있을 거예요.

책벌레들을 위한 지식 도서관

여몽 (178~219)
중국 오나라의 장군이다. 바닥에서부터 치고 올라온 무인이었는데 황제인 손권의 권유로 시작한 공부가 나날이 발전해 문무를 두루 갖춘 훌륭한 장군이 되었다.

윤증과 사슴
목표를 정했으면 흔들리지 말고 끝까지 읽어라

"철수야, 축구하러 가자."

"나 공부해야 하는데……."

"공부는 나중에 하면 되잖아. 빨리 축구하러 가자."

철수는 머리를 긁적거리며 고민에 빠졌습니다.

'어떡하지? 오늘 여기까지 공부해야 하는데…….'

철수는 책상 위에 놓인 책을 덮어 버렸어요.

"에이, 모르겠다. 축구하고 와서 해야겠다!"

결국 철수는 자기 자신과 약속을 저버리고 축구를 하기 위해 밖으로 나갔어요.

누구나 늘 자기 자신과 약속을 하죠.

"이번에는 정말로 열심히 공부할 거야."

"앞으로는 동생과 싸우지 않고 사이좋게 지낼 거야."

"일찍 일어나 지각하지 않을 거야."

"TV는 조금만 볼 거야."

그러나 자기 자신과 약속을 지키기는 쉽지가 않습니다. '그래, 다음에 잘하면 되지 뭐!' 하면서 나약한 자신과 타협을 하곤 하지요. 한 번 약속을 어기면 그건 습관이 돼요. 그러면 그 어떤 계획도 소용이 없어진답니다. 자기가 정한 계획과 목표를 어기지 않고 끝까지 해내는 자만이 성공을 할 수 있습니다.

조선 숙종 때, 윤증이라는 소년이 있었어요. 그 소년은 아주 심지가 굳었어요.

어느 날 소년은 종이 위에 목표를 적어 놓고 그 목표를 이루겠다고 자신과 약속을 했어요.

첫눈이 내리기 전까지 《효경》 읽기

  자신과의 약속을 지키기 위해 소년은 밤낮으로 《효경》을 읽기 시작했어요. 그러나 수많은 유혹들이 소년을 방해했어요.
  밖에서 친구들의 노는 목소리가 들렸습니다. 소년은 마음이 흔들렸어요.

"증아, 우리 산에 토끼 잡으러 가는데 너도 갈래?"

"……."

"야, 왜 대답이 없어? 너 낮잠 자니?"

"……."

소년은 친구들과 함께 토끼를 잡으러 가고 싶었지만 꾹 참았어요. 소년은 두 눈을 감고 자신과의 약속을 다시 한번 다짐했어요.

'그래, 난 끝까지 읽을 거야. 내 자신과의 약속을 지킬 거야.'

소년은 다시 책을 읽기 시작했어요.

추운 겨울이 점점 가까워 오는 어느 날 소년의 집 마당이 시끌벅적했어요. 동네 아이들이 다 모여 있는 듯했어요.

"사슴을 이렇게 가까이서 보는 건 처음이야."

"와, 뿔이 참 멋지다."

"정말 신기하다. 한 번 만져 봐도 될까?"

"조심해. 너를 잡아먹을지도 몰라."

"하하하. 사슴이 사람을 잡아먹는다고? 그게 말이 되니?"

마당 한가운데에 사슴이 나타나서 시끄러웠던 거예요.

소년은 방문을 열고 밖으로 나가고 싶었지만 이번에도 꾹 참았어요. 첫눈이 오기 전까지 책을 다 읽겠노라고 한 약속을 지키기 위해서였지요.

소년은 양쪽 귀를 막고 더더욱 큰 소리로 책을 읽었어요.

밤이 깊어 잠을 자야 할 시간이 되자 그제야 소년은 밖으로 나왔어요. 그리고 할머니에게 물었습니다.

"할머니, 사슴 어디에 있어요?"

할머니는 허허허 웃으며 말했어요.

"사슴이 네가 책을 다 읽을 때까지 기다릴 줄 알았니? 하여간 우리 손자는 참으로 대단하구나. 한번 읽기로 한 책은 무슨 일이 있어도 끝까지 다 읽는단 말이야."

책을 좋아한 소년 윤증은 세월이 흘러 어른이 되었고 이름을 널리 알린 조선시대 최고의 학자가 되었답니다.

여러분도 윤증처럼 스스로 목표를 세웠다면 그 목표를 이루기 위해 어떠한 유혹에도 흔들리지 않아야 합니다. 책 읽기도 그렇죠. 일주일 안에 이 책을 읽겠다, 한 달 안에 두 권의 책을 읽겠다고 목표를 정하면 반드시 그 목표를 달성하도록 노력하세요.

때론 TV나 컴퓨터 게임, 핸드폰, 친구들 등 갖가지 유혹이 여러분의 마음을 흔들어 놓을 거예요. 그렇다고 흔들리면 안 돼요. 열정을 갖고 목표를 향해 앞만 보고 가세요. 물론 시간이 흐르면 처음 먹었던 굳은 마음도 약해지기 마련이죠. 그럴 때는 다시 한번 목표를 큰 소리로 외쳐보세요. 그럼 다시금 마음을 다잡을 수 있을 거예요.

지금 당장 목표를 정해 보는 건 어떨까요?

여기에 적어 보세요.

한 달 안에 _____ 책 읽기

하루에 _____ 시간 책 읽기

분명 여러분 모두가 목표를 이룰 거라고 믿습니다.

> **책벌레들을 위한 지식 도서관**
>
> **윤증 (1629~1714)**
> 17세기 조선의 격동기를 살다간 학자. 보기 드물게 인품이 훌륭했고 덕행을 실천하는 데에도 남다른 모범을 보인 참다운 지식인이었다. 임금은 그를 유심히 살펴보고 영의정이라는 높은 벼슬을 내렸지만 그는 벼슬을 거절했다. 영의정으로 사는 것보다 책과 함께 평생을 지내는 학자로 살기를 바랐기 때문이다. 우암 송시열의 제자이자 하곡 정제두의 스승이기도 한 그는 훗날 조선 후기의 실학을 형성하는 데 지대한 영향을 끼쳤다. 참된 도리를 제대로 깨우쳐 실제 생활에서 실천할 것을 강조했다.
>
> **《효경》**
> 유학의 기본 경전인 13경의 하나이며, 공자와 증자가 효에 관해 주고받은 말을 정리한 책이다. 효도는 동서고금을 막론하고 우리 인간이 갖는 아름다운 미덕 가운데 하나이며, 영원히 변치 않는 최상의 덕목일 것이다. 천자(天子)·제후(諸侯)·대부(大夫)·사(士)·서인(庶人)의 효를 나누어 논술하고 효가 덕의 근본임을 밝혔다. 한국에 전래한 시기는 확실하지 않으며 신라시대에 관직을 얻기 위해 치러야 하는 시험의 한 과목으로 쓰이기도 하였다.

서당과 김수온
눈으로만 읽지 말고 외워라

"하늘 천(天), 땅 지(地), 검을 현(玄), 누를 황(黃). 자, 따라서 읽어 보거라."

서당의 훈장님은 천자문을 읽으며 학동들에게 말했어요.

학동들은 훈장님의 말씀대로 천자문을 따라서 읽었어요.

"하늘 천, 땅 지, 검을 현, 누를 황."

그러다 한 학동이 갑자기 장난스러운 표정을 짓더니 이렇게 읽었답니다.

"하늘 천, 땅 지, 가마솥에 누룽지."

다른 학동들은 하하하, 호호호, 배꼽을 잡고 웃었지요.

"누가 장난으로 읽으랬어? 개똥이 너 앞으로 나와. 종아리 걷어."

훈장님은 회초리로 개똥이의 종아리를 때렸어요.

"아야, 아야."

"다음부터는 장난치지 않을 거냐?"

"예."

훈장님은 다시 또 천자문을 읽기 시작했어요.

"하늘 천, 땅 지, 검을 현, 누를 황. 자, 따라서 읽어 보거라."

"하늘 천, 땅 지, 검을 현, 누를 황."

조금 있다가 개똥이가 훈장님께 물었어요.

"훈장님, 왜 자꾸 반복해서 읽으라고 하시죠?"

"천자문을 외우도록 하기 위해서다."

"외운다고요? 무작정 외우면 별 도움도 안 되잖아요."

"아니다. 무작정 외우는 것이 무식해 보일 수도 있지만 그렇지가 않아. 자꾸자꾸 외우다 보면 뜻과 세상의 이치를 알 수 있단다. 그러니 열심히들 외우도록 하여라. 알겠느냐?"

하루 종일 서당에서는 천자문 외우는 소리가 끊이지 않았어요.

예전에는 이처럼 학문을 배우는 학동이나 선비들은 《천자문》을 달달달 외웠답니다.

조선시대 세조 때도 외우기 선수가 한 명 있었습니다. 김수온이라는 선비인데 그는 책을 좋아했어요. 특히 책 속의 내용을 달달 외우는 걸 좋아했어요. 그리고 외우는 방법이 좀 독특했지요.

그는 책을 다 읽은 다음에 책꽂이에 꽂지 않았어요. 책을 다시 펼쳐서 한 장씩 뜯어서 소매 속에 넣고 다녔답니다. 그리고 소매 속에 있는 책의 일부를 외우곤 했지요. 외우다가 막히는 곳이 있으면 다시 소매에서 꺼내 보고, 또 외우고 외웠어요. 완전히 다 외웠다 싶으면 그제야 그 종이를 버렸어요.

외우는 건 글과 나를 하나로 만든다는 것입니다. 그래서 글을 통해 새로운 나를 발견하고 세상을 살아가는 지혜를 얻을 수 있습니다.

어느 학교에 계신 참으로 독특한 선생님 얘기를 해 볼까요?

학생들이 지각을 하거나 싸움을 하면 그 선생님은 학생들에게 벌로 시 외우기를 시킨답니다.

"오늘 또 지각했구나. 자, 오늘은 이 시를 외워라. 다 외운 다음에 검사 맡으러 와."

지각한 학생은 잔뜩 인상을 찌푸리고선 그 시를 외웁니다.

서시

윤동주

죽는 날까지 하늘을 우러러
한 점 부끄럼이 없기를
잎새에 이는 바람에도
나는 괴로워했다.
별을 노래하는 마음으로
모든 죽어가는 것을 사랑해야지
그리고 나한테 주어진 길을 걸어가야겠다.

오늘 밤에도
별이 바람에 스치운다.

지금 당장은 시를 외우는 것이 힘들지 몰라도, 그 학생은 훗날 지각했다고 꿀밤을 맞거나 두 손을 들고 벌을 서는 것보다 시를 외우게 한 선생님께 감사함을 느낄 거예요. 시는 마음의 양식이며 마음의 비타민이니까요.

여러분도 책을 읽을 때 눈으로만 읽지 말고 소리 내어 크게 읽어 보세요. 그리고 마음에 드는 글귀가 있으면 꼭 외우세요. 외우면 그 글귀의 속뜻을 좀 더 깊이 알 수 있어요. 그리고 대화를 할 때도 잘 써먹을 수 있답니다. 친구에게 좋은 글귀를 한 번 말해 보세요.

"너 이런 말 아니? '사막은 아름다워. 사막이 아름다운 건 어디엔가 우물이 숨어 있기 때문이야. 눈으로는 찾을 수 없어. 마음으로 찾아야 해.' 이건 생텍쥐페리의 《어린왕자》에 나온 말이야."

이렇게 말한다면 친구는 여러분을 달리 볼 거예요.

지금 책을 펼쳐서 좋은 글귀가 있으면 외워 보세요. 외우는 순간, 여러분의 지식과 지혜가 가슴에 차곡차곡 쌓일 거예요.

책벌레들을 위한 지식 도서관

《천자문》
중국 양나라 주흥사가 지은 책으로 모두 1,000자로 되어 있다. 자연현상으로부터 인륜 도덕에 이르는 지식 용어가 수록되어 있고, 오늘날까지 한문 학습의 입문서로 널리 쓰이고 있다.

김수온 (1409~1481)
조선시대의 학자다. 32세 늦깎이로 문과에 급제하여 책을 인쇄하는 관직에 올랐다. 세종대왕의 특명으로 집현전 학사가 되어 다른 학사들과 함께 우리나라와 중국의 역사 가운데 정치인의 거울이 될 만한 사실을 뽑아 엮은 《치평요람》을 편찬하였다. 문장과 학문에 뛰어났으며 불경 간행에도 큰 공헌을 했다.

윤동주 (1917~1945)
저항시인이다. 15세 때부터 시를 쓰기 시작하여, 조선일보, 경향신문 등에 시를 발표하였다. 1943년 항일운동을 한 혐의로 체포되어 1945년 2월, 스물여덟의 젊은 나이로 운명하였다. 《하늘과 바람과 별과 시》가 1948년에 출간되었다. 오늘날에도 그의 시는 많은 사람들로부터 사랑받고 있다.

《어린왕자》
1943년에 프랑스 작가 생텍쥐페리가 발표한 동화다. 사막에 불시착한 비행사인 나는 이상한 소년을 만나 양을 그려 달라는 부탁을 받는다. 그 소년은 애인인 장미꽃을 자신이 사는 별에 남겨 두고 여행길에 오른 왕자인데 몇몇 별을 순례하고 나서 지구에 온 것이다. 외로운 왕자 앞에 한 마리의 여우가 나타나서 본질적인 것은 눈에 보이지 않는다는 것, 또한 다른 존재를 길들여 인연을 맺어 두는 일이 중요하다는 것을 가르친다. 《어린왕자》는 시적이며 고귀한 분위기 속에 지혜를 엮어 낸 인간적인 작품이다.

박지성과 루빈스타인
책 읽는 데 많은 시간을 투자하라

여러분 축구 선수 박지성 알죠? 그는 메시, 호나우도 등 세계적인 축구 선수들과 어깨를 나란히 했던 최고의 선수였죠.

그가 세계적인 선수가 될 수 있었던 건 타고난 재능 덕분이기도 하지만 그보다 피나는 연습을 했기 때문입니다. 그는 학창 시절 축구를 하는 내내 왜소한 체격 때문에 고민이 많았어요. 거울을 볼 때마다 속이 상했어요.

"키가 더 크고 덩치도 좀 컸으면 좋았을 텐데. 나는 왜 이렇게 작지!"

자기보다 덩치가 큰 사람들을 보면 몹시 부러웠지요. 그렇지만 그

것 때문에 좌절하지는 않았습니다.

"그래, 아무리 키가 크고 덩치가 크면 뭐하겠어! 연습을 게을리 하면 아무리 타고난 능력도 결국 쓸모가 없지. 오직 연습뿐이야. 지금보다 연습 시간을 더 늘리면 나의 단점을 극복할 수 있을 거야."

그는 학교에서 충분히 축구 연습을 했지만 만족하지 않았어요. 학교에서 집으로 오는 길에도 연습을 했어요. 무릎과 발등으로 공

을 차며 떨어뜨리지 않고 집으로 왔습니다. 방 안에서는 헤딩 연습을 했어요.

어느 날 함께 축구를 하는 친구가 물었어요.

"너는 하루가 다르게 실력이 느는 것 같아. 그 비결이 뭐냐?"

그러자 박지성 선수는 단호하게 말했어요.

"시간이야."

"시간? 그게 무슨 소리야?"

"시간을 많이 투자해야 한다는 거야. 연습 시간을 늘려 봐. 그럼 실력이 금방금방 향상될 거야."

또 한 명의 이야기를 들려드릴게요.

폴란드 출신의 세계적인 피아니스트인 루빈스타인도 자기 발전을 위해 많은 시간을 투자했습니다. 언젠가 기자가 루빈스타인에게 물었습니다.

"당신이 들려주는 피아노 소리를 들으면 소름이 끼칠 정도로 감동적이고 아름답습니다. 도대체 세계 정상에 오를 수 있었던 비결이 무엇입니까?"

그러자 그는 미소 지으며 말했어요.

"별다른 비법은 없습니다. 최고의 피아니스트가 되려면 열심히 피아노를 치면 됩니다. 피아노를 치는 시간이 많으면 많을수록 실력이 는다는 말입니다."

박지성 선수나 루빈스타인은 이미 알고 있었던 거예요. 발전하기 위해선 그만큼 시간을 많이 투자해야 한다는 사실을요. 성공한 사람들은 하루아침에 그 자리에 오른 게 아니에요. 남보다 더 많이 연습하고 노력하고 고통을 극복했던 것입니다.

책도 마찬가지랍니다. 하루아침에 책벌레가 될 순 없어요. 책벌레가 되기 위해선 책과 함께 지내는 시간이 많아야 해요. 책을 전혀 읽지 않는 사람과 하루에 10분 책 읽는 사람이 같을까요? 한 달간 책을 읽는 사람과 평생토록 책을 읽는 사람이 같을까요? 분명히 다릅니다. 처음에는 그리 차이가 나지 않지만 그 시간이 쌓이고 쌓이다 보면 엄청난 차이가 납니다. 생각해 보세요. 하루에 10분씩이라도 책을 읽은 사람은 일 년 동안 무려 3,650분 동안 책을 읽은 거예요. 그러니 하루에 단 몇 분이라도 꾸준히 책을 읽도록 하세요.

이렇게 말하는 친구들도 있을 거예요.

"너무나 바빠서 책 읽을 시간이 없어요."

정말 그럴까요? 아니에요. 그건 핑계일 뿐이죠. TV 시청 시간이나 컴퓨터 앞에 있는 시간을 조금씩 줄인다면 충분히 책 읽을 시간을 만들 수 있어요. 또한 약속 장소에서 친구를 기다리는 시간이나 점심 시간, 쉬는 시간 등 자투리 시간을 최대한 활용한다면 몇 줄은 읽을 수 있을 거예요. 의지만 있다면 책 읽는 시간을 만들

수 있다는 말이죠.

여러분도 이제부터 책과 함께하는 시간을 만들어 보세요. 시간을 정해 놓고 읽는 것도 좋아요. 아침에 일어나서 10분, 아니면 자기 전에 10분. 그렇게 책 읽는 시간을 투자한다면 분명 여러분은 지금보다 훨씬 더 발전할 거예요. 어떻게 장담하느냐고요? 시간은 거짓말을 하지 않기 때문이죠.

책벌레들을 위한 지식 도서관

박지성 (1981~)
대한민국 국가대표 축구 선수다. 2002년 월드컵, 2006년 월드컵, 2010 월드컵에서 활약했다. 대한민국 최초의 프리미어 리거이며 발롱도르 후보 50인에도 선정되었다. 별로 크지 않은 176cm 키의 평범한 체격이지만 '산소 탱크'로 불릴 만큼 강철 체력을 자랑한다. 현재는 축구 선수 은퇴 후 축구 경기 해설위원으로 활동하고 있다.

루빈스타인 (1887~1982)
폴란드에서 태어나 어릴 때부터 음악에 재능을 보인 피아니스트다. 12세 때 베를린에서 요아힘이 지휘하는 협주곡을 연주하면서 데뷔하였다. 쇼팽 곡뿐만 아니라 모든 곡에서 독특한 자기만의 연주법으로 실력을 인정받았다. 20세기의 대표적 피아니스트로서, 드뷔시·라벨·프랑크·로보스 등의 작품에 뛰어난 해석을 보였다.

청년과 소크라테스
지식을 쌓아 진정한 부자가 되어라

"동수야, 내가 너보다 부자다."

"그래? 너 돈이 아주 많은가 보구나."

"아니. 지금 나 지갑에 돈이 하나도 없어."

"그런데 왜 네가 나보다 부자니?"

"돈은 없지만 그래도 난 부자야. 바로 내 머릿속에는 지금까지 읽은 책들이 가득 차 있거든. 돈은 써 버리면 그만이지만 내가 읽은 책들은 영원히 내 머릿속에 남아 있어. 그러니까 내가 더 부자야."

여러분은 어떤 사람이 부자라고 생각하세요? 우리는 돈이 아주 많은 사람을 부자라고 말하죠. 그렇다면 진정한 부자란 어떤 사람일까요? 남들에게 베풀 줄 아는 따뜻한 마음을 가진 사람이 부자랍니다. 그리고 또 하나, 바로 풍부한 지식을 소유한 사람이 진정한 부자예요. 가진 것 없이 가난하더라도 꿈이 있고 따뜻한 마음이 있고 머릿속에 무궁무진한 지식과 지혜가 있으면 그 사람이 이 시대의 진정한 부자입니다.

《탈무드》에 나오는 이야기 하나 들어 보실래요?

아주 거대한 배 한 척이 바다 한가운데를 항해를 하고 있었어요.

그 배의 승객은 대부분 둘째가라면 서러워 할 정도로 아주 큰 부자들이었죠. 승객 중 뚱뚱한 사람 한 명이 여러 사람 앞에서 거만한 말투로 말했어요.

"우리 집은 참으로 부자요. 나는 황금 두꺼비가 수십 개나 있소."

그러자 옆에 있던 사람이 끼어들었어요.

"그 정도 가지고 뭘 부자라고 자랑하시오? 나는 황금 두꺼비는 물론 아주 값비싼 진주 목걸이가 있소."

그러자 또 옆에 있던 사람이 껄껄껄, 웃으며 말했어요.

"가소롭소. 그 정도로 부자라고 생색을 내다니. 나는 황금 두

꺼비, 진주 목걸이 그리고 반짝반짝 빛나는 다이아몬드 목걸이도 있소. 그뿐이 아니오. 우리 집은 얼마나 넓은지 방이 서른 개나 있소."

승객들은 앞다투어 돈 자랑을 하였습니다. 한 청년이 그들의 대화에 끼어들었어요.

"여러분, 아마 제가 제일 부자일 겁니다."

그러자 뚱뚱한 사람이 청년에게 물었어요.

"도대체 자네는 뭘 가지고 있기에 제일 부자라고 자신 있게 말하는 건가?"

"지금은 보여 줄 수 없지만 여하튼 제가 제일 부자입니다."

부자 승객들은 모두 청년을 비웃었습니다.

그런데 목적지에 닿을 무렵 갑자기 큰 파도가 배를 집어삼켰어요. 배가 뒤집히고 말았지요. 부자 승객들은 재물이며 돈을 하나도 챙기지 못하고 간신히 목숨만 구할 수 있었어요. 육지에 닿은 부자 승객들은 당장 먹을 게 하나도 없었어요. 낯선 곳이라 아는 사람도 하나 없고 결국 모두 거지 신세가 되었죠.

하지만 청년은 금세 먹을 것과 머무를 집을 구할 수 있었어요. 청년은 매우 뛰어난 학자였기 때문이에요. 자신의 지식을 아이들에게 가르쳐 부모들에게서 돈을 받았던 거예요.

그제야 거지가 된 승객들은 청년을 우러러보며 말했어요.

"당신의 말이 옳았소. 지식이라는 재산을 가진 당신이야말로 진정 최고의 부자요."

지금은 지식 시대입니다. 머리가 똑똑하고 상식과 세상의 이치에 해박한 사람이 성공하는 시대예요. 한 사람의 지식으로 인해 세상이 바뀌고 인류가 더 행복하게 살 수 있어요. 그만큼 지식이 대우받고 존경을 받는답니다. 지금 당장 주머니에 돈을 채우거나 재미있는 것에 빠져 있기보다는 그 시간에 미래를 위해 한 권의 책을 손에 들어 보세요. 그게 바로 미래에 대한 투자이고 나 자신을 더욱 사랑하는 길입니다.

평생 책을 가까이한 고대 철학의 큰 스승인 소크라테스는 이렇게 말했어요.

"부는 일시적인 만족을 주지만, 지식은 평생토록 마음을 부자로 만들어 준다."

소크라테스의 말처럼 여러분도 독서로 더 많은 지식을 쌓겠다는 책 욕심꾸러기가 되어 보세요. 그게 더 큰 부자, 진정한 부자가 되는 지름길이랍니다.

책벌레들을 위한 지식 도서관

《탈무드》
5천 년 동안 축적된 지혜와 지식의 저수지인 《탈무드》는 유대 랍비와 현자들이 끊임없는 토론과 다양한 의견 수렴 과정을 거쳐서 일구어낸 기록물이다. 이 책은 비단 유대인과 유대 사회만의 유산이 아니라 인류 공통의 정신적·문화적 자산이다.

소크라테스 (BC 469~BC 399)
아테네의 고대 철학자로 철학의 시조, 철학의 개척자다. 자기 자신의 '혼'을 소중히 여겨야 할 필요성을 역설하였으며 거리의 사람들과 철학적 대화를 나누는 것을 일과로 삼았다. 그러나 그는 신을 모독하고 청년을 타락시켰다는 혐의로 사형선고를 받았다. 그의 사상은 제자 플라톤의 《대화편》에 전해진다. 그가 남긴 명언으로는 "너 자신을 알라"가 있다.

뱀과 나쁜 책
독이 아닌 약이 되는 책을 선택하라

무거운 짐을 들고 걸어가는 할머니를 보면 이런 생각을 하게 될 거예요.

'짐이 많으니까 내가 할머니를 도와 드려야겠다.'

'그럴 필요 없어! 괜히 귀찮게 뭐 하러 도와줘!'

이처럼 생각에는 두 가지가 있죠. 좋은 생각과 나쁜 생각. 행동도 마찬가지입니다. 좋은 행동이 있는가 하면 나쁜 행동도 있어요. 사람도 두 종류가 있죠. 자신이 맡은 일에 충실하고 이웃을 사랑하는 좋은 사람이 있는가 하면 범죄를 짓거나 다른 사람을 괴롭히는 나쁜 사람도 있습니다.

책도 그래요. 이 세상 모든 책이 다 좋은 책은 아니에요. 읽어서는 안 될 독이 되는 나쁜 책도 있어요.

어떤 남자가 책으로 가득한 서재에서 친구에게 받은 책을 찾고 있었어요.

"도대체 그 책이 어디로 갔지? 분명 이 근처에서 본 것 같은데."

그는 책장에 꽂힌 책들의 제목을 읽어 가며 일일이 찾았어요. 그런데 그 책은 보이지 않았어요.

"분명이 이 근처에 꽂아 놨는데 어디에 있지?"

한참을 찾은 후에 드디어 그 책을 발견했습니다.

"그래, 여기 있었군."

그는 허겁지겁 책장을 넘겼어요. '아야!' 그 순간 손끝에 바늘이 찔리는 듯한 통증을 느꼈어요. 그는 대수롭지 않게 생각하고 계속해서 그 책을 읽었어요. 그런데 시간이 지날수록 손이 퉁퉁 붓는 거예요.

"어, 내 손이 왜 이렇지?"

그의 얼굴은 잔뜩 겁에 질렸어요. 하지만 책을 덮지 않았어요. 계속해서 책을 읽었죠. 급기야 그는 점점 호흡이 가빠졌고 결국 그

자리에 쓰러지고 말았어요.

그렇게 밤은 깊어갔고 다음 날 아침에 아내가 서재에 들어왔습니다. 쓰러져 있는 남편을 보고 아내는 깜짝 놀랐어요.

"여보, 일어나세요. 도대체 이게 무슨 일이에요?"

아내는 쓰러진 남편 옆에 놓인 책을 봤어요. 그 책 속에는 작지만 아주 많은 독을 품고 있는 뱀 한 마리가 있었어요.

이 이야기는 나쁜 책은 결국 자신을 망가뜨리고 죽게 만든다는 것을 독을 품은 뱀에 비유한 것입니다. 이처럼 나쁜 책은 생각을 혼란스럽게 하고 마음을 어지럽히고 정신을 황폐하게 만들어요. 그러니 책을 읽을 때 좋은 책을 골라야 합니다. 혹시 나쁜 책을 접하게 된다면 바로 덮으세요. 유혹을 이기지 못하고 자꾸 보면 결국은 나쁜 책의 노예가 되어 여러분 자신이 병들고 말 것입니다.

나쁜 책이 아닌 좋은 책을 고르는 방법에는 어떤 게 있을까요?

우선 유명 작가가 쓴 고전은 좋은 책입니다. 물론 시대적 배경이 현재와 맞지 않아 읽다보면 지루할 수도 있겠지만 고전은 이미 수많은 사람들로부터 좋은 책임을 검증받은 것이기에 의심 없이 읽어도 돼요.

세계 고전인 도스토예프스키의 《죄와 벌》이나 톨스토이의 《전쟁과 평화》도 괜찮지만 우리나라 고전도 훌륭한 게 많습니다. 박지원의 《양반전》이나 허균의 《홍길동전》도 읽을 만하죠.

또 선생님이 추천하는 책, 어린이 신문이나 서점 직원이 추천하는 책을 읽는 게 좋아요. 그 책들은 많은 책 전문가들이 추천한 것이니 분명히 좋은 책일 것입니다. 그런 책들을 읽고 나면 자기

나름대로 친구나 동생에게 추천해 줄 만한 독서 목록을 작성해 보세요.

혹시 과학 분야에 관심이 많아서 과학책을 고를 생각이면, 이왕이면 최근에 출판된 책을 고르세요. 과학은 발견과 발명으로 인해 늘 새롭게 변하기 때문이죠.

여러분은 앞으로 살아가면서 두 가지 길을 만나게 될 거예요. 나쁜 길과 좋은 길. 어떤 길을 가야 할지는 여러분의 선택에 달려 있어요. 여러분은 모두 현명하니까 좋은 길을 선택하리라고 믿어요. 좋은 길을 선택하기 위해서 그 밑거름으로 좋은 책을 많이 만나는 건 어떨까요? 좋은 책 안에는 현명한 판단력과 유혹을 이기는 힘이 담겨 있으니까요.

책벌레들을 위한 지식 도서관

《죄와 벌》
러시아 소설가 도스토예프스키의 장편소설이다. 이 작품은 겉으로는 살인 사건을 다루는 탐정소설의 형식을 취하고 있지만, 가난한 대학생의 범죄를 통해 무엇보다도 죄와 벌의 심리적인 과정을 밝히고 있다. 그리고 이성과 감성, 선과 악, 신과 인간 등을 제시하는 데 초점을 두고 있다. 시대가 흘러도 변함없이 많은 사람들로부터 사랑을 받고 있는 책이다.

《전쟁과 평화》
러시아 소설가 톨스토이의 장편소설이다. 1805년 제1차 나폴레옹 전쟁 직전부터 1820년까지의 15년에 걸친, 러시아 역사의 중요한 시기를 재현했다. 그 규모의 웅대함은 참으로 세계 문학 가운데서 이에 필적할 만한 것을 찾아낼 수 없을 정도다. 또 기존 장편소설의 형식을 깨고 역사소설과 가정소설, 역사비판과 전쟁철학을 아우른 작품으로 전례가 없는 웅장하고 화려한 문학 형식이다.

《양반전》
조선 정조 때의 문학가이며 정치가인 박지원이 지은 책이다. 이 책은 현실을 무시하고 학문과 자기수양만으로 만족하려는 당시의 양반들을 비판함과 동시에, 선비로서의 자격이 없는 사람이 돈만으로 양반이 될 수는 없다는 것을 풍자한 작품이다. 박지원의 작품으로 《허생전》, 《호질》도 읽어볼 만하다.

《홍길동전》
조선시대 허균이 지은 최초의 한글 소설이다. 조선의 불합리한 사회 제도에 맞서는 홍길동의 활약상을 그린 영웅담이다. 주인공 홍길동은 동에 번쩍 서에 번쩍하는 신비한 도술과 뛰어난 지략으로 백성들을 괴롭히는 지배층에게 벌을 준다. 또한 의적 활빈당을 만들고 율도국의 왕이 된다. 흥미진진한 우리 고전의 매력을 한껏 느낄 수 있는 작품이다.

맛있게 요리하는 독서 레시피

① 한 종류의 책을 깊이 읽기

- 책의 종류는 수백, 수천 가지입니다. 동화책도 있고 그림책도 있고 과학이나 수학을 다룬 책, 그리고 역사를 다룬 책도 있죠. 다양한 책을 두루 읽는 것도 좋지만 때론 한 가지 종류의 책을 파고드는 것도 좋아요. 역사에 관심이 있다면 역사 분야 책을 총망라해서 읽도록 하세요. 여러 권의 책을 읽으면서 각 책의 차이점이나 공통점을 발견해서 나름대로 정리도 해보세요. 그렇게 많은 시간을 투자한다면 분명 그 분야의 전문가가 될 수 있을 거예요.

2 꼬리에 꼬리를 물어 읽기

- 나무-무지개-개나리-리본……. 끝말잇기처럼 책을 읽을 때 이 방법을 사용하는 것도 좋아요. 다시 말해서 한 가지의 주제에 관해 책을 이어서 읽는 거예요. 예를 들어서 '무지개'에 관련된 책을 읽었다면 다음에는 '하늘'에 관한 책, 그 다음에는 '새'에 관한 책 등 서로 연관된 주제를 이어서 읽으면 재미도 있고 그 관심사의 폭도 아주 넓어지겠죠.

3 필요한 것만 쏙쏙 뽑아 읽기

- 책을 읽을 때 모든 책을 처음부터 끝까지 다 읽을 필요는 없어요. 때에 따라 그 책의 핵심만 빨리 읽을 필요도 있지요. 예를 들어 친구에게 재미있는 이야기를 해주고 싶을 때, 유머 책을 들고 아무 데나 펴서 읽으면 돼요. 그리고 여행 책을 읽을 때는 자기가 찾아갈 장소에 관련된 내용만 보면 됩니다. 백과사전도 마찬가지예요. 자기가 필요로 하는 정보나 자료를 찾아보면 됩니다. 필요할 때 쏙쏙 뽑아서 읽는 것, 그게 바로 시간을 단축하는 방법이랍니다.

4장
책과 함께하는 행복한 시간

아기 새와 이황
성급해 하지 말고 천천히 제대로 읽어라

"아까 주문했는데 왜 이렇게 안 와요? 자장면, 빨리빨리 주세요."
"아직도 안했어? 빨리빨리 해."
"왜 그렇게 걸음이 느리니? 빨리빨리 가자."

여러분은 하루에 '빨리빨리'라는 말을 몇 번이나 사용하나요? 어떤 일을 빨리 끝내는 것도 중요하지만 빨리만 강조하다 보면 일을 대충대충 하게 될 때도 있어요. 그러면 이제까지 한 일이 허사가 될 수도 있죠.

빠른 게 다 좋은 것만은 아니에요. 자동차를 타면 빨리 가겠지만 너무나 빨리 달리면 길가에 핀 코스모스를 볼 수가 없어요. 그리고 개미가 줄지어 가는 모습도 볼 수 없지요. 빠른 것만 좇다 보면 자칫 작고 소중한 것을 놓칠 수 있답니다. 또한 빨리빨리 성급한 마음을 가지고 산다면 스트레스를 많이 받을 거예요. 그러니 너무 성급하게 굴지 말고 마음의 여유를 갖고 천천히 행동하세요. 조금 늦어도 제대로 하는 게 더 중요합니다.

엄마 새와 아기 새가 있었어요. 아기 새는 너무 어려서 날 수가 없었어요. 그래서 엄마 새가 먹이를 구해 와서 아기 새에게 먹였어요.
"아가, 많이 먹고 무럭무럭 자라렴."
어느 날 아기 새는 엄마 새에게 말했어요.
"엄마, 저도 엄마처럼 날고 싶어요."
그러자 엄마 새는 고개를 내저으며 말했어요.
"넌 아직 어려서 날 수 없단다. 조금 더 커야 해. 엄마가 가져다주는 먹이를 열심히 먹으면 너도 크게 되고 그러면 날 수 있을 거야."
그래도 아기 새는 고집을 꺾지 않았어요.
"엄마, 나도 날 수 있어요. 날개가 있잖아요."
"물론 그렇지. 하지만 네 날개는 아직 힘이 없어. 그러니 조금 더 기다리렴."

"아니에요. 이제 저도 날 수 있어요."

아기 새는 당장 날겠다고 둥지 가장자리로 걸어갔어요.

"아가, 위험하니까 안으로 들어오렴. 그러다 떨어지면 어떡하니? 너무 서두르면 안 돼."

다음 날이 되었어요. 엄마 새가 먹이를 구하러 둥지를 떠났어요. 혼자 남은 아기 새는 지금 당장 날고 싶었어요.

"언제까지 기다려야 하지? 난 기다리기 싫어. 하루라도 빨리 날고 싶단 말이야."

아기 새는 둥지 밖으로 몸을 던졌어요. 그리고 날개를 열심히 내저었지요. 그러나 아직 날개에 힘이 없기 때문에 아기 새는 그만 땅으로 떨어지고 말았어요.

"으악, 내 날개!"

결국 아기 새는 날개를 다치고 말았어요. 그제야 아기 새는 눈물을 흘리며 후회를 했어요.

"조금 더 기다리면 나도 날 수 있었을 텐데. 괜히 서둘러서 날개가 부러졌어."

여러분! '욕속부달(欲速不達)'이란 사자성어의 뜻을 아세요? '너무 빨리 결과물을 얻으려고 서두르면 오히려 일이 잘 되지 않는다'라는 뜻입니다. 성급한 마음으로 책을 읽다 보면 이해하지 못했는데도 그냥 넘어가겠죠. 그러면 점점 재미를 잃고 책이 지루하다고 느껴질 거예요. 책을 대할 때는 늘 마음의 여유를 가져야 해요. 100권을 대충대충 읽는 것보다 한 권이라도 제대로 이해하며 읽는 게 더 중요합니다.

음식을 씹지도 않고 그냥 삼킨다고 생각해 보세요. 그러면 음식의 맛을 느끼지 못할 거예요. 또 급히 먹으면 목이 메어 자칫 위험할 수도 있죠. 음식을 천천히 씹어야 그 음식의 참맛을 느낄 수 있듯 책도 천천히 읽어야 그 맛을 제대로 느낄 수 있답니다.

퇴계 이황 선생은 이렇게 말했어요.
"급한 마음으로 책을 대하면 얻을 건 하나도 없다. 여유로운 마음으로 뜻을 새겨 가면서 자세히 읽어야 한다. 다시 말해서 정독이야말로 진짜 책 읽기다."

대충대충 읽는 게 아니라 천천히 책을 읽음으로써 그 책의 내용을 이해하고 책 속에 담긴 깊은 뜻을 깨달아야 합니다.

책벌레들을 위한 지식 도서관

이 황 (1501~1570)
조선 전기의 학자로 호는 퇴계. 도산서당에서 성리학을 크게 발전시킨 한국 철학의 대표주자다. 비교적 늦은 나이인 34세에 대과에 급제하였지만 네 명의 왕을 섬겼을 정도로 오랫동안 관직에서 왕을 보필하였다. 그는 항상 바른 것을 추구하였으며 청렴한 성품과 학문을 향한 깊은 애정이 있었다. 벼슬에서 물러나 있으면서도 바르고 훌륭한 제자들을 길러 내는 데 온 힘을 쏟았다.

존 듀이와 다치바나 다카시
읽을수록 더 읽고 싶은 열정을 발견하라

여러분은 지금 어디에 빠져 있나요?

머릿속에 자꾸 컴퓨터 게임이 생각나서 다른 일을 할 수 없을 정도로 게임에 빠져 있는 친구도 있을 것이고, 아침에 눈을 뜰 때부터 잠자리에 들 때까지 하루 종일 휴대폰을 만지작거리며 문자를 보내고 확인하는 친구도 있겠죠? 집에 오기만 하면 리모컨으로 채널을 이리저리 바꾸며 TV에 빠져 있는 친구도 있을 테고요. 이처럼 한 번 하다 보면 두 번 하고 싶고 자꾸자꾸 하고 싶은 마음이 생기죠.

미국의 철학자이자 교육학자인 존 듀이의 90회 생일 축하 모임에서 있었던 일입니다.

일곱 명의 자녀들과 친척들, 많은 유명 인사들이 참석해서 그의 생일을 축하해 주었죠. 한 젊은이가 듀이에게 다가와 말했어요.

"선생님, 생신을 진심으로 축하드립니다."

"그래, 고맙네."

젊은이가 할 말이 있는 듯 머뭇거리자 눈치를 챈 듀이가 말했어요.

"나에게 물어보고 싶은 게 있으면 어려워하지 말고 물어보게."

그러자 젊은이가 입을 열었어요.

"도대체 학문이 우리에게 무슨 소용이 있습니까? 왜 공부를 해야 합니까?"

가만히 듣고 있던 듀이가 조용히 웃으며 말했어요.

"그건 말이야. 우리가 산에 올라가야 하는 이유와 같은 걸세."

"산에 오르다니요? 그게 무슨 말씀이죠? 좀 자세히 설명해 주세요."

"산 아래에 있을 때는 모르지만 산에 올라가 보면 아주 높은 산이 많다는 걸 알게 되네. 그래서 또 다른 산을 오르고 싶은 마음이 생기지. 다른 산을 오르면 또 다른 산에 오르고 싶지. 이처럼 학문도 마찬가지네. 하면 할수록 더 하고 싶은 거지."

위대한 철학자이자 교육학자인 존 듀이는 죽는 그 순간까지 배움의 끈을 놓지 않았어요. 죽기 몇 달 전에 뼈를 다쳐 아파트에 갇혀 지내면서도 독서와 책의 출간 등을 계속했답니다.

알면 알수록, 하면 할수록 더 하고 싶은 건 배움이나 독서도 예외는 아니랍니다.

처음에는 지루하고 재미없을지 몰라도 한 번 그 맛을 알고 나면 자꾸 더 배우고 싶고 자꾸 더 읽고 싶어져요.

일본에 다치바나 다카시라는 작가가 있습니다. 그는 대학 시절 아르바이트하는 시간을 제외하고는 집과 학교만 오가며 책 읽기에 몰두했어요. 심지어 그의 어머니조차 이런 말을 했을 정도예요.

"너는 책이 그렇게 좋니? 그렇게 책이 좋으면 평생 책이랑 살거라."

그의 독서량은 참으로 대단했어요. 책이 너무 많아서 집 안에 발을 들여 놓을 틈도 없었지요.

그의 집에 온 친구들은 한숨을 내쉬며 말했어요.

"야, 너희 집은 왜 이러니? 우리가 왔는데 앉을 곳도 없잖아."

"미안하다. 책을 방석이라고 생각하고 책 위에 앉으렴."

그는 대학을 졸업하고 잡지사에 기자로 취직을 했어요. 그런데 기자 생활을 하다 보니까 늘 시간에 쫓겼지요. 그는 자신의 책상 위에 쌓여 가는 책을 보며 괴로워했어요.

"이 책들을 읽고 싶은데 시간은 없고, 어떡하지?"

결국 그는 기자직을 그만두었어요.

책을 너무 좋아한 그는 결국 작가가 되었고 지금은 일본뿐만 아니라 한국에서도 사랑을 받고 있답니다.

여러분도 컴퓨터 게임이나 휴대폰 문자, TV에 빠져 있기 보다는 이왕이면 책의 바다에 풍덩 빠져 보는 건 어떨까요? 처음에 물속으로 들어갈 때는 두려움도 있겠지만 일단 책의 바다에 들어가 보면 참으로 신비하고 아름답고 흥미로운 것들로 가득하다는 걸 알게 될 거예요. 나중에는 읽지 말라고 말려도 더 읽으려고 애쓸 거예요. 더 넓은 바다를 찾기 위해 이 책 저 책을 찾아다닐 게 분명해요.

그러다 보면 "단 하루도 책을 읽지 않으면 입 안에 가시가 돋는다"라고 말씀하신 안중근 의사처럼 여러분도 책과 더욱 친해질 수 있고 책 속에서 인생의 참맛을 깨우치는 위대한 책벌레가 될 것입니다.

책벌레들을 위한 지식 도서관

존 듀이 (1859~1952)

미국의 철학자이며 교육자다. 그는 고등학교와 대학교 시절 독서열을 불태우는 한편 수영이나 낚시 등 야외 활동도 즐겼고, 목재 작업장에서 일하기도 했다. 열심히 공부해서 박사학위를 땄으며 컬럼비아 대학에서 철학과 심리학을 가르쳤다. 그는 1,000여 편의 논문과 저서를 남긴 대철학자로서, 미국 사회에서 가장 영향력 있는 사상가이자 사회 운동가, 비평가로서 다방면에 걸쳐 많은 업적을 남겼다.

다치바나 다카시 (1940~2021)

일본의 작가이자 저널리스트다. 1964년 도쿄 대학 불문과를 졸업하고 그해 《문예춘추》에 입사했다. 1966년 도쿄 대학 철학과에 재입학했으며, 재학 중 평론활동을 시작했다. 사회적 문제 외에 우주, 뇌를 포함한 과학 분야에 이르기까지 다양한 집필 활동을 했으며 저서로 《나는 이런 책을 읽어왔다》, 《사색기행》, 《뇌를 단련하다》 등 다수가 있다.

안중근 (1879~1910)

한말의 독립 운동가다. 황해도 해주에서 출생했다. 남포에 돈의 학교를 설립하여 인재 양성에 힘쓰다가 1907년 연해주로 망명하여 의병 운동에 참가했다. 1909년 만주의 하얼빈 역에서 침략의 원흉인 일본인 이토 히로부미를 암살하였다. 그 일로 일본 감옥에 수감되었고 이듬해 재판에서 사형이 선고되어 죽음을 맞이하였다.

어리석은 아들과 조위한
왜 책을 읽는지 이유를 분명하게 세워라

어떤 일을 하든지 이유와 목적이 분명해야 합니다. 어떤 일을 할 때 아무 생각 없이 하거나 남들이 하니까 덩달아 따라서 한다면, 아무것도 얻을 수가 없습니다. 괜히 시간만 낭비하는 꼴이 되죠.

어느 날 밤에 아버지가 아들을 불러놓고 이렇게 말했습니다.
"얘야, 내가 내일은 볼 일이 있어서 그런데 네가 저 산꼭대기에 좀 다녀와야겠다."
아들은 고개를 끄덕이며 말했어요.
"예, 알겠습니다."

다음 날 해가 뜨자마자 아들은 서둘러 산을 향했어요.

뒤늦게 잠에서 깬 아버지는 아들을 찾았지만 보이지 않았어요.

"이 녀석이 벌써 갔나?"

아들은 힘겹게 한 발 한 발 옮겼습니다. 험한 산이라서 그런지 참으로 힘들었어요. 그러나 아들은 꾹 참고 산을 올랐어요. 한나절이나 지난 후에 드디어 산꼭대기에 오를 수 있었어요.

"야호~."

아들은 크게 소리를 쳤습니다. 그리고 잠시 생각에 잠겼어요.

"그나저나 내가 여기에 왜 왔지?"

아들은 한숨을 내쉬며 산을 내려왔어요. 저녁 때가 다 되어서야 지친 모습으로 집에 도착했어요.

그 모습을 본 아버지는 쯧쯧, 혀를 차며 말했어요.

"이 녀석아, 무작정 산꼭대기에 가면 어떻게 하냐? 왜 가는지, 가서 뭘 해야 하는지 알고 가야지. 어휴, 답답한 녀석!"

이유와 목적이 없다는 건 머물러야 할 항구도 정하지 않은 채 바다만을 떠돌아다니는 배와 같아요. 목적이 있고 없고는 차이가 아주 크답니다. 목적이 있으면 더 열정적으로 그 일에 임할 수 있고 당연히 좋은 성과를 얻을 수 있습니다.

  책 읽기도 마찬가지죠. 아무런 이유도 목적도 없이 무턱대고 책을 펼치기보다는 내가 왜 이 책을 읽어야 하고 이 책을 통해 뭘 배워야 하는지를 안다면 한 권을 읽어도 더 큰 깨달음과 흥미를 얻을 수 있을 거예요.

  조선 중기 인조 때 '조위한'이라는 학자가 있었습니다. 그는 홍문관에서 유생들과 함께 책을 읽었어요. 그런데 한 유생이 읽던 책을 바닥에 던져 버리는 게 아니겠어요.

  조위한은 깜짝 놀라 그 유생에게 물었어요.

"자네 갑자기 왜 그러는 건가? 이유를 말해보게."

  그러자 유생이 입을 쭉 내밀며 이렇게 말했어요.

"읽을 때는 좀 알겠는데 책을 덮기만 하면 다 잊어먹고 맙니다. 그러니 책을 읽는다고 한들 무슨 소용이 있겠습니까?"

  그러자 조위한이 껄껄껄 웃으며 말했어요.

"자네는 그럼 왜 밥을 먹나? 밥은 잠시 뱃속에 머물다가 전부 똥이 되어 빠져나가지 않는가? 책을 읽는다고 당장 무엇을 얻는 건 아니네. 하지만 책을 많이 읽다 보면 점점 지식이 쌓이고 인생이 풍

요로워진다네."

　그래요. 책은 우리에게 미처 알지 못했던 지식을 주고, 힘들고 고통스러울 때 크나큰 위안을 주고, 꿈의 방향을 잃고 방황할 때 나침반 역할을 하고, 우리의 삶을 한층 더 풍요롭게 만들어 주는 최고의 에너지입니다.

그러니 엄마나 선생님이 책을 읽으라고 말하기 전에 알아서 책을 읽어 보세요. 왜 내가 책을 읽어야 하는지 그 이유를 알면 더 열심히 읽게 된답니다. 즉 마음속에서 강한 동기가 일어나면 책 읽는 것이 즐거워지고 또한 책 읽는 시간 동안 집중할 수 있고 책에서 얻은 지식과 지혜를 고스란히 내 것으로 만들 수 있는 거죠.

> **책벌레들을 위한 지식 도서관**
>
> **조위한 (1567~1649)**
> 조선 중기의 문신으로 호는 현곡이다. 양반 집안에서 태어나 전통적인 학문을 익혔다. 임진왜란 때는 의병장 김덕령을 따라 싸웠으며 이괄의 난, 정묘호란, 병자호란의 싸움터에도 나갔다. 과거에 급제하고 나서 여러 벼슬을 거쳤으며, 저서로 한문소설인 《최척전》이 유명하다.

4장. 책과 함께하는 행복한 시간

월터 스콧과 시 낭송
독서 모임이나 문학회에 참여하라

혼자보다는 여럿이 하는 게 뭐든지 재미있기 마련입니다.

축구공을 벽에 치며 혼자서 노는 것보다 두 팀으로 편을 갈라서 하는 게 재미있고, 숨바꼭질도 혼자는 못하지만 여럿이 하면 재미가 있습니다. 혼자는 심심하고 따분하지요. 그러나 여럿이 함께 어울리다 보면 더 많이 웃게 되고 서로에게서 배울 점도 발견할 수 있습니다.

소아마비로 오른쪽 다리를 절뚝거리는 아이가 있었어요.

그 아이의 이름은 월터 스콧. 그는 친구들에게 놀림을 당했어요.

"가까이 오지 마. 우리 엄마가 너랑 놀지 말랬어!"

"너무 징그러워. 저리 가!"

"제대로 걷지도 못하면서 감히 우리랑 같이 놀려고 하다니!"

아이는 학교 가는 게 싫었어요. 수업이 끝나면 다른 아이들처럼 놀이터에도 안 들르고 곧장 집으로 왔어요. 더 이상 친구들에게 놀림거리가 되고 싶지 않았거든요.

아이는 공부는 못했지만 책 읽는 건 참 좋아했어요.

"오늘은 《안네의 일기》를 읽어야지."

책은 아이의 상처 난 마음을 치료해 주었어요.

월터 스콧은 시간이 흘러 중학생이 되었어요. 아이는 집 근처에 문학회 사무실이 있다는 것을 알고 무척 좋아했어요.

"우리 동네에 이런 곳이 있었다니! 이건 행운이야. 지금 당장 들어가 볼까?"

아이는 용기를 내어 문학회 사무실 문을 두드렸어요.

"실례합니다. 여기 문학회 맞죠? 저도 문학에 관심이 많은데 제가 와도 될까요?"

스콧을 보고 중년의 남자가 따뜻하게 맞이해 주었어요.

"어서 오너라. 여기는 각자 책을 읽고 책에 대해서 서로 토론을 하는 곳이란다. 너도 다음주부터 이 모임에 나오렴."

"정말요? 정말로 그래도 돼요?"

"그럼. 문학을 사랑하는 사람은 누구나 다 환영이란다."

아이는 너무나 기뻤어요. 그 뒤로 아이는 꼬박 꼬박 문학회에 나왔습니다.

그러던 어느 날 유명한 시인인 로버트 번즈가 아이에게 시집을 한 권 주면서 말했어요.

"네가 시를 낭송해 보렴."

"제가요?"

"그래. 너는 목소리가 고우니 시 낭송을 아주 잘할 것 같구나."

아이는 마음을 가다듬고 감정을 실어 한 줄 한 줄 시를 읽었어요.

"응. 제법인데."

"아주 훌륭해."

아이는 문학회에서 활동하는 시인들로부터 칭찬과 격려의 말을 들었어요.

"월터 스콧, 열심히 책도 읽고 시간 나는 대로 열심히 시도 쓰고 소설도 쓰렴. 그럼 너도 먼 훗날에 아주 멋진 작가가 될 거다. 알았지?"

"예."

그 후로 아이는 책 읽기를 더 열심히 했고 틈틈이 글도 쓰기 시

작했어요. 문학회 활동을 통해 아이는 문학과 인생의 깊이를 깨닫게 되었죠. 그리고 문학을 사랑한 아이는 훗날 왕실에서도 인정받는 아주 위대한 시인이 되었답니다.

 책은 월터 스콧이 힘들고 외로울 때 위로해 주고 웃게 만들어 준 소중한 벗이었어요. 그리고 문학회는 월터 스콧에게 꿈을 꾸게 해 주고 꿈을 이루도록 도와준 꿈의 터전이었죠.
 이처럼 책과 책을 사랑하는 사람들은 주변의 사람들을 이롭게 하고 마음을 풍요롭게 하고 꿈을 이룰 수 있도록 도움을 준답니다.

 여러분도 월터 스콧처럼 문학회나 독서 모임의 문을 과감히 두드려 보세요. 학교나 도서관 내 독서 모임이나 인터넷을 통해 독서 모임을 찾아보세요. 분명 가까운 곳에 독서 모임이 있을 거예요. 망설이지 마세요. 책을 좋아한다면 나이가 어리든 많든, 남자이건 여자이건 따지지 않고 다 받아 줄 거예요.
 독서 모임은 무척 유익하답니다. 혼자 책을 읽을 때보다 더욱 큰 재미를 느끼고 사람들과 책 이야기를 나눔으로써 지식 수준도 높아지고 또한 책에 대한 느낌과 생각을 서로 주고받으며 더 넓고 열린 사고를 키우는 데 도움이 되죠.

　혼자서 책 읽는 것도 중요하지만 가끔씩 다른 사람들의 힘을 빌려 보세요. 그럼 지금보다 훨씬 더 책에 대해 애착을 갖게 되고 사람들을 통해 더 많은 인생의 지혜를 배울 수 있을 거예요. 자, 지금 책 한 권 옆구리에 끼고 문학회나 독서 모임으로 출발해 볼까요?

책벌레들을 위한 지식 도서관

월터 스콧 (1771-1832)
스코틀랜드 출신의 작가로 역사소설을 창조했고 대중화시켰다. 어린 시절 소아마비를 앓아 한쪽 다리를 절게 됐지만 활동적인 성격이었다. 변호사인 아버지에게서 어린 시절부터 변호사 일을 배웠다. 1792년부터 몇 년 동안 변호사로 활동했다. 저서로는 《마지막 음유 시인의 노래》, 《호수의 연인》 등이 있다.

로버트 번즈 (1759~1796)
영국의 시인으로 서민들의 소박한 생활이나 아름다운 자연을 시로 표현했다. 또한 통렬한 사회 풍자시나 정열적인 연애시도 많이 남겼다. 1786년 초기 시를 모은 《스코틀랜드 방언으로 쓴 시집》이 있고 그밖에 《그리운 옛날》이 유명하다.

휴그 무어와 발명
열린 생각, 깊은 생각으로 책을 읽어라

"여러분, 오늘부터 아침 독서 운동을 시작한다고 했죠? 각자 준비한 책을 펼치고 1교시가 시작되기 전까지 열심히 책을 읽으세요. 알겠죠?"

요즘 아침 독서 운동을 진행하는 학교가 점점 늘어나고 있습니다. 책 읽기는 논술력도 키워주고 마음의 안정도 가져다주고 무엇보다도 생각의 힘을 키워주기 때문이죠.

그런데 이런 학생도 간혹 있어요.

"어휴, 지겨워! 공부하는 것도 싫은데 아침부터 무슨 독서람!"

"그러게 말이야! 축구, 농구, 태권도……. 재미있는 운동도 많은데 왜 하필 독서 운동이야! 정말로 짜증 나!"

물론 책 읽는 것을 싫어하는 학생도 있을 거예요. 그렇다고 소중한 아침 시간을 쪼개어 일부러 책 읽기를 하는데 책만 펼쳐 놓고 딴짓을 한다면 인생을 낭비하는 것이랍니다. 이왕이면 즐거운 마음으로 하는 게 좋겠죠? 책은 생각을 열리게 하고 생각을 깊게 만들고 생각을 자유롭게 만드니까요.

휴그 무어라는 젊은이가 있었습니다. 그는 평소에 과학자나 발명가의 삶을 기록한 위인전을 좋아했어요. 책을 읽으면서 늘 이렇게 마음속으로 말했어요.

"그래, 나도 꼭 멋진 발명가가 될 거야. 에디슨보다 라이트 형제보다 더 멋진 발명가 말이야!"

그러던 어느 날, 그의 형이 휴그 무어를 데리고 어딘가로 갔어요.

"휴그, 너한테 보여 줄 게 있어. 너 깜짝 놀랄 걸!"

"그게 뭔데?"

"바로 이거야!"

형이 보여 준 건 '생수 자동판매기'였어요.

"자, 잘 봐. 이 버튼을 누르면 생수가 나오지."

"와, 신기하다."

형의 생수 자동판매기는 좋은 반응을 얻었고 돈을 많이 벌게 되었죠. 그러나 사람들은 좀 불편해 했어요.

쟁그랑

마시는 컵이 유리로 되어 있어서 손에서 미끄러져 바닥에 떨어지면 깨지곤 했거든요.

차츰 생수 자동판매기의 인기가 시들해졌어요.

휴그 무어는 깊은 생각에 빠졌습니다. 한참 후에 그는 무릎을 치며 외쳤어요.

"그래! 종이컵을 만들면 되잖아!"

그는 당장 실험에 나섰지만, 종이는 물에 젖으면 힘이 없어 그대로 찢어지고 말았어요. 그는 다시 깊은 생각에 빠졌어요.

'찢어지지 않는 종이는 없을까? 분명히 있을 텐데.'

그는 생각에 생각을 거듭했고, 실험을 되풀이하며 물에 쉽게 젖지 않는 종이를 찾아냈어요. 바로 '태블릿'이라는 종이였죠. 그는 태블릿이라는 종이로 종이컵을 만들었어요. 그 덕에 아주 큰돈을 벌었어요. 그 후에도 더 열심히 책을 읽고 책 속에서 더 깊은 생각을 끄집어냈어요. 그 결과 1920년에는 아이스크림을 담을 수 있는 '종이 그릇'까지 발명해 세계적인 발명가가 되었답니다.

 생각하지 않고 이룰 수 있는 건 아무것도 없어요. 축구 선수도, 야구 선수도, 프로게이머도 그 분야에서 최고의 자리에 오르기 위해선 머리를 잘 써야 해요. 남보다 한발 앞선 지능적인 플레이를 하기 위해선 독서만 한 게 없습니다. 생각의 힘은 바로 책에서 나오기 때문이죠.

 책 속에는 수백, 수천 가지의 생각들이 담겨 있어요. 책을 통해 저자의 생각을 읽을 수 있고, 주인공이 처한 상황을 파악할 수 있고, 책에서 얻는 교훈이나 감동을 내 생각의 주머니에 담을 수 있죠. 이처럼 책은 풀기 어려운 문제에 부딪혔을 때 해결할 수 있는 생각의 만능열쇠와도 같아요.

 생각의 원천인 뇌는 근육과 같아요. 근육을 자주 쓰고 꾸준히 훈련하면 더 단단하고 강화되듯 뇌도 마찬가지랍니다. 자꾸 회전하고 자극하고 훈련을 해야 더 좋은 생각, 더 기발한 생각이 떠올라요. 그 모든 것이 바로 책 속에 있습니다.

책은 잠자는 생각을 깨워 하늘을 날게 하고 기상천외한 상상력으로 세상을 변화시킨답니다.

책벌레들을 위한 지식 도서관

휴그 무어
미국의 발명가다. 하버드 대학교에 재학 중 형이 발명한 생수 자판기에 사용되는 유리컵이 자꾸 깨지는 것을 보고 종이로 만들면 좋겠다는 생각을 했고 태블릿이란 종이가 물에 쉽게 젖지 않는 특성이 있음을 착안해 1907년 종이컵을 발명했다. 종이컵 발명으로 그는 아주 큰 부자가 되었다.

집중력 향상을 위한 몸 관리

1 따뜻한 물로 샤워하고 잠자리에 들기

- 잠을 깊이 자야 다음 날 몸이 개운해요. 그래야 활기차게 하루를 시작할 수 있죠. 그렇다면 잠을 깊게 자기 위해선 어떻게 해야 할까요? 잠자리에 들기 전에 가볍게 체조를 하고 나서 따뜻한 물로 샤워를 해보세요. 그럼 몸의 긴장이 풀어지고 정신이 안정되고 편안해져요. 그래서 스르르 잠이 잘 오죠. 그리고 따뜻한 우유 한 잔도 숙면에 도움이 된답니다.

② 베개를 잘 베고 자기

● 잠을 잘 자려면 베개를 제대로 사용하는 습관이 중요해요. 가장 적당한 베개의 높이는 바로 누웠을 때 7cm, 옆으로 누웠을 때는 10cm 정도예요. 너비는 넓을수록 편안해요. 그리고 베갯속에 메밀이나 국화를 넣으면 머리를 맑게 해주는 효과가 있답니다. 그리고 늘 머리는 차갑게 하세요. 머리가 뜨거운 것보다 차갑게 하는 게 집중력도 높이고 건강에도 도움이 된답니다.

③ 건강한 체력 유지하기

● 돈과 명예를 얻는다고 해도 건강을 잃으면 아무 소용이 없어요. 독서도 마찬가지죠. 아무리 책을 읽고 싶어도 체력이 받쳐주지 않으면 책을 읽을 수 없죠. 시간에 쫓기고 마음의 여유가 없다고 해도 건강한 체력 유지를 위해선 운동을 거르면 안 됩니다. 일주일에 사흘은 30분 정도 가볍게 운동을 하세요. 조깅을 한다든지, 빠른 걸음으로 공원을 걷는 것도 좋아요. 건강한 체력에서 건강한 정신이 나온다는 걸 잊지 마세요.

5장

책으로 든든해지는 마음 비타민

베토벤과 인내
두껍고 어려운 책이라도 끝까지 읽어라

물은 몇 도에서 끓기 시작하는지 아세요? 여러분은 그것도 모르냐면서 깔깔깔 웃을 거예요. 그래요. 물은 100도가 되면 끓기 시작하죠. 물은 100도에 이르지 않으면 절대로 끓지 않아요. 그렇다면 증기기관차는 수증기 눈금이 몇 도를 가리켜야 움직이는지 아세요? 그건 좀 어렵죠? 증기기관차는 수증기 눈금이 212도를 가리켜야 움직인답니다. 수증기 눈금이 211도에서는 절대로 움직이지 않아요. 99도와 211도에서는 아무런 변화가 일어나지 않죠. 고작 1도 차인데 말이에요.

"귀가 들리지 않으니 이제 음악을 할 수 없어!"

베토벤은 깊은 절망에 빠졌습니다. 베토벤은 구석진 방에 쪼그려 앉아서 술로 세월을 보냈어요.

"음악을 할 수 없는데 살아서 뭘 하겠어! 차라리 죽는 게 더 나아!"

청각 장애인이 된 베토벤은 죽기로 맘을 먹었어요. 그리고 유서를 쓰기 시작했지요.

베토벤, 나는 음악을 사랑한다.
그러나 귀가 어두워져 아무것도 들리지 않고 더이상 음악을 할 수 없게 되었다.
음악이 없는 내 인생은 아무 의미가 없다.
그래서 서른 살에 삶을 마치려고 한다.

그때 마침 친구가 찾아왔어요. 친구는 베토벤의 유서를 보고는 깜짝 놀랐어요.

"자네, 지금 제정신이야? 죽기는 왜 죽어!"

베토벤은 울부짖으며 말했어요.

"난 이제 모든 것이 끝났어. 그냥 날 내버려 둬!"

친구는 베토벤을 위로하며 말했어요.

"나는 자네가 만든 곡을 들을 때 가장 행복해. 물론 세상 사람들 모두가 그럴 거야. 자네의 음악을 원하고 있어. 그러니 힘들어도 참아 보게. 자네가 조금만 참으면 세상 사람들이 더 행복해질 수 있어. 제발 우리에게 희망을 보여 주게."

친구의 말에 큰 힘을 얻은 베토벤은 예전보다 더 음악 작업에 열중했어요. 직접 만든 곡을 지휘하고 싶다는 욕심도 생겼어요.

그런데 다들 고개를 내저으며 비웃었어요.

"귀가 들리지 않는데 지휘를 하겠다고? 그런 음악회를 누가 보러가겠어? 아무리 음악적 재능이 뛰어나다고 해도 그건 불가능해!"

그러나 베토벤은 자신의 뜻을 굽히지 않았어요. 비록 귀가 들리지 않지만 마음의 귀로 지휘를 하면 충분히 잘 해낼 거라 믿었어요.

마침내 피나는 연습과 인내 끝에 작곡한 '제9교향곡' 연주회 때 지휘할 기회를 얻었어요.

공연 날 베토벤은 능수능란하게 지휘를 해냈어요. 청중들은 베토벤의 음악과 지휘 실력에 다들 넋을 잃었어요.

"귀가 들리지 않는데 저렇게 지휘를 잘하다니, 정말로 놀라워!"
"베토벤은 천재야! 역시 위대한 음악가야!"

중간에 포기하지 않고 인내한 덕분에 그는 오래도록 많은 사람들로부터 사랑을 받았고 지금까지도 그의 음악은 널리 울려 퍼지고 있답니다.

만약 베토벤이 역경과 시련 앞에 자신의 삶을 포기했다면 우리는 아마도 베토벤이 들려주는 아름다운 음악을 듣지 못했을지도 모릅니다. 참고 견디며 이겨내면 멋진 미래가 보장됩니다.

책 읽기는 등산과 같아요. 산을 오를수록 땀이 나고 다리가 아파서 힘들지만 그래도 참고 견디며 한 걸음 한 걸음 내디디면 어느새 정상에 오를 수 있어요. 정상에서 '야호~' 하고 외치며 산 아래를 내려다보는 그 맛, 산의 정상에 오른 사람들만이 그 맛을 알 거예요. 힘들었던 만큼 성취감은 더욱 큽니다.

그러니 두꺼운 책이나 어려운 책이라고 해서 너무 겁먹지 마세요. 한 장 한 장 읽는 것이 지루하고 머리가 복잡해질 수도 있어요. 그렇다고 중간에 책을 덮지는 마세요. 그 모든 것이 정상으로 가기 위한 과정임을 잊지 마세요.

이렇게 믿어 보세요.

'나는 이 책을 충분히 읽을 수 있는 이해력이 있어!'

'나는 이 책을 끝까지 읽을 수 있는 인내력이 있어!'

'이 책을 끝까지 다 읽으면 분명 오늘보다 더 나은 내가 될 수 있을 거야!'

이렇게 주문을 외우면 분명 책장을 마음 편하게 넘길 수 있을 거예요. 알겠죠? 물이 끓기 직전인 99도에서 멈추면 안 돼요. 1도만 더 참으세요. 그럼 여러분의 꿈이 펄펄 끓는답니다.

책벌레들을 위한 지식 도서관

베토벤 (1770~1827)
교향곡 '운명'으로 너무나 잘 알려져 있는 독일의 작곡가다. 그의 어릴 적 삶은 다소 불행했다. 아버지가 혹독하게 피아노 연습을 시켰기에 묵묵히 눈물을 흘리며 어린 시절을 보냈지만, 그 덕에 어른이 되어서 수많은 대작들을 작곡하기에 이르렀다. 청력을 완전히 잃게 되어 한때 좌절을 했으나 귀가 아닌 마음으로 듣는 음악을 창조했다.

처칠과 성적
책 속에서 가능성과 재능을 발견하라

"민철아, 너 얼굴 표정이 왜 그러니? 뭐 안 좋은 일이라도 있니?"

"몰라!"

"왜 그래?"

"사실은 오늘 본 시험을 망쳤어. 30점 맞았단 말이야."

"그랬구나. 다음에 잘보면 되잖아. 힘내."

"난 언제쯤 100점을 맞을까? 휴~."

여러분은 혹시, 성적 때문에 속상한 적이 있었나요? 지난 시험보다 성적이 떨어져서 눈물 흘린 적이 있었나요? 누구나 한두 번은 그런 적이 있을 거예요.

학생에게 성적은 무척 중요하죠. 하지만 성적이 좋지 않다고 해서 너무 속상해 하지 마세요. 하늘이 무너진 것처럼 땅이 꺼진 것처럼 한숨을 내쉬지 말라는 말이에요.

학교 성적이 우리에게 조금의 영향은 끼치겠지만 그렇다고 절대적인 건 아닙니다. 공부를 못한다고 해서 인생에서 실패하는 건 아니에요. 학교 성적이 좋지 않았던 사람들 중에도 꿈을 이룬 사람이 많아요. 그렇다고 공부를 하지 말라는 얘기가 아니란 건 아시죠? 공부가 아니더라도 자기만의 재능을 발견하고 그 재능을 최대한 키우면 성공할 수 있습니다.

윈스턴 처칠은 학교 공부엔 소홀했지만 자신의 재능을 발견하고 그 재능을 키우기 위해 많은 노력을 했어요. 그는 자신의 재능을 책 읽기에서 찾아냈죠.

일곱 살에 학교 기숙사에 들어갔어요. 그 학교는 명문학교로 한 반에 학생이 열 명밖에 안 되었고 규율이 무척 엄격했죠.

"처칠, 복도에서 뛰지 말라고 했지? 손들고 서 있어!"

"처칠, 큰 소리로 떠들지 말라고 했지? 무릎 꿇고 있어!"

"유리창 깬 게 또 처칠 너니? 이 녀석, 혼나야겠구나!"

처칠은 학교생활이 그다지 즐겁지 않았어요. 하나에서 열까지 너무나 엄격한 규율 때문에 미칠 것만 같았어요.

"나는 내가 하고 싶은 대로 할 거야!"

처칠은 점점 반항적으로 변해 갔어요. 그리고 끝내는 교장 선생님의 모자를 짓밟는 일까지 했어요.

선생님은 처칠을 볼 때마다 꿀밤을 주었어요.

"이 녀석, 또 말썽을 피웠구나. 도대체 성적은 이게 뭐니? 네가 또 꼴등이다. 너 커서 뭐가 되려고 그러니!"

처칠은 큰 상처를 받았어요. 기숙사에 돌아온 처칠은 상처 난 마음을 달래기 위해 책을 읽었어요. 책은 약과 같았어요.

처칠은 학교생활에 적응하지 못하고 끝내 학교를 그만두게 되었어요. 그에게는 좌절의 시간이었지만 한편으로 도약할 수 있는 계기가 되었어요. 그 시절에 정치, 경제, 문화, 사회 등 온갖 서적을 다 읽었기 때문이죠.

"분명 책을 많이 읽다 보면 길이 보일 거야. 지금은 어둠 속을 걷고 있지만 분명 책은 나에게 희망의 길을 보여 줄 거야."

처칠은 미친 듯이 책을 읽었어요. 책을 통해서 정치인이 되겠다는 꿈을 세우고 또한 세상을 감동시킬 만한 멋진 글을 써서 노벨 문학상을 받겠다는 야무진 꿈도 꾸었어요.

처칠은 피나는 노력 끝에 마침내 꿈을 이룰 수 있었어요. 그는 영국의 총리가 되었을 뿐만 아니라 《제2차 대전 회고록》이라는 작품을 써서 정치인 최초로 노벨 문학상까지 수상했어요.

공부를 그리 잘하지 못했지만 위대한 업적을 남길 수 있었던 건 바로 그가 책 속에서 모든 가능성을 끄집어냈기 때문이죠.

'책 속에 길이 있다'라는 말이 있어요. 아무리 힘들고 절망적인 상황이라도 책을 읽으면 그 안에 답이 있고 돌파구가 있다는 말이죠. 힘들수록 책을 가까이하세요. 그러면 분명 자기 자신 안에 있는 놀라운 능력을 발휘할 수 있을 거예요. 책은 곧 지식이고 지식은 곧 책입니다.

책을 열심히 읽어보세요. 책을 읽다 보면 사고력은 물론 집중력, 판단력이 생겨서 공부하는 데 분명 큰 도움이 될 거예요.

책벌레들을 위한 지식 도서관

윈스턴 처칠 (1874~1965)
영국의 정치가다. 어린 시절부터 문학과 역사에 관심이 많았다. 청년이 되어 사관학교에 입학했고 졸업 후 참전하였다. 정치에 입문하여 영국의 총리가 되었다. 1953년 노벨 문학상을 수상했다.

에디슨과 물음표
읽다가 궁금하면 거침없이 질문하라

"왜 무지개가 뜰까?"

"왜 번개가 치고 그 다음에 천둥소리가 날까?"

"바닷물은 왜 파란색일까?"

"밤이 되면 왜 깜깜해질까?"

"엄마보다 아빠는 왜 힘이 셀까?"

"개미도 높은 곳에서 떨어지면 아플까?"

이런 호기심을 한 번쯤은 가져 봤을 거예요. 그런데 그런 호기심을 마음속에만 담아둔다면 아무런 소용이 없죠. 그 호기심을 해결해야 해요. 알고자 하는 것이 있다면 선생님이나 부모님께 주저하지 말고 물어보세요. 그래야 궁금했던 것에 대한 답을 알 수 있고 또한 질문을 통해 배운 지식은 오래도록 기억에 남는답니다.

기억이 날지 모르겠지만 말을 하기 시작할 무렵, 여러분은 '질문대장'이었답니다. 엄마에게 하루에도 수십 가지의 질문을 했죠.

"엄마, 왜 여름에는 땀이 나?"

"엄마, 왜 하품이 나오는 거야?"

늘 왜라는 물음표를 달고 살았죠. 그런데 학교를 들어갈 나이가 된 이후로는 질문을 하지 않으려고 해요. 물론 누군가에게 질문을 한다는 것이 좀 쑥스럽고 귀찮을지도 모르죠. 그러나 질문은 사람을 발전시키는 위대한 힘을 가지고 있답니다.

첫째, 질문을 하면 답을 얻을 수 있어요.

무엇인가 질문을 던지는 순간, 상대방으로부터 대답을 들을 수 있습니다. 상대방의 답이 설령 틀렸다고 해도 그건 답을 찾기 위한 과정이니까 함께 정확한 답을 찾아가면 더욱 좋겠죠.

둘째, 질문은 지적 호기심을 자극합니다.

질문을 한다는 건 그것에 대해 알고 싶다는 말이죠. 즉 관심을 가지고 있다는 얘기예요. 관심은 생각을 낳고 생각은 지혜와 깨우침을 얻을 수 있어요.

셋째, 질문을 하면 서로 친해져요.

선생님께 질문하고 싶은데 혹시 귀찮아 하실까 봐 입을 다물어 버리면 그건 잘못된 생각이에요. 선생님은 여러분이 질문을 하면 무척 행복해 하신답니다. 또한 질문한 학생에게 친근감을 느끼고 배우려는 의지가 있는 학생을 무척 좋아하세요.

발명왕 에디슨은 질문대장이었어요.

어느 날, 선생님께 질문을 했어요.

"선생님, '1+1'이 왜 '2'죠?"

선생님은 한숨을 내쉬며 말했어요.

"이 녀석아, 그걸 몰라서 물어. 당연히 1+1은 2지."

에디슨은 양손에 찰흙을 올려놓더니 다시 말했어요.

"선생님, 여기 양손의 찰흙을 합하면 2가 아니라 다시 1이 되잖아요. 그러니까 1+1은 1이죠."

선생님은 고개를 내저으며 말했어요.

"에디슨, 너는 정말로 엉뚱한 녀석이구나. 여하튼 질문한다는 건

좋은 일이다."

그는 전구를 발명하기 위해 1,200번의 실패를 했어요. 그렇게 많은 실패를 했지만 좌절하지 않았어요.

"왜 전구가 안 켜질까?"

"전구를 환하게 밝힐 수 있는 방법이 과연 없을까?"

그는 자기 스스로에게 질문을 하며 다시 도전을 했죠. 그리고 마침내 전구를 발명할 수 있었어요.

여러분도 책을 읽다가 이해가 가지 않는 부분이나 아니면 좀 이상하다고 생각되는 부분은 표시를 해 놓으세요. 그리고 그 의문점을 선생님이나 부모님께 질문하세요. 그러고도 속 시원한 답을 얻지 못한다면 다른 책을 찾아 읽으면서 호기심을 해결해 보세요. 오늘부터 물음표를 늘 달고 다니세요.

책벌레들을 위한 지식 도서관

에디슨 (1847~1931)

미국의 발명가로 일생 동안 무려 1,100여 개의 발명품을 만들었다. 언제나 호기심과 상상력이 많았던 그는 학교에 들어간 지 3개월 만에 자퇴했다. 그 뒤 전기 회사에 취직해 전신 기술자로 일하며 끊임없이 새로운 것을 발명했다. 전구와 영화 촬영기 등을 발명했으며 나중에는 전기 회사를 차려 큰 성공을 거뒀다. "천재는 99%의 노력과 1%의 영감으로 이루어진다"라는 유명한 말을 남겼다.

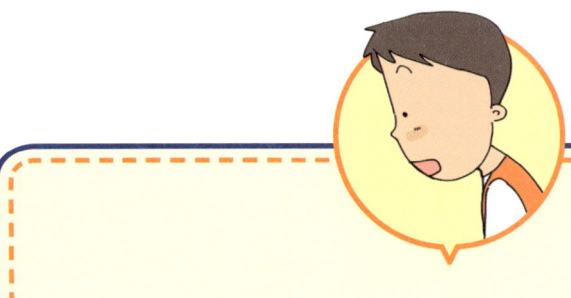

송어와 오산학교
지금 바로 책을 펼쳐라

"구슬이 서 말이라도 꿰어야 보배다."

이런 속담을 들어본 적이 있나요? 얼핏 들어본 것 같다고요? 이 속담의 뜻을 아세요? '아무리 작은 일이라도 그것을 행동으로 옮겨야 성과를 낼 수 있다'라는 뜻이에요. 다시 말해서 말뿐인 행동, 실천 없는 행동은 쓸모가 없다는 말이랍니다.

한 노인이 송어 낚시를 하고 있었어요.

그런데 다른 사람들에 비해 노인은 물고기를 아주 쉽게, 그것도 아주 많이 낚았습니다. 옆에서 낚시하던 청년이 노인에게 다가와 말했어요.

"저는 지금까지 한 마리도 못 잡았는데 어르신은 벌써 열 마리 넘게 물고기를 잡으셨네요. 특별한 비법이라도 있나요?"

노인은 고개를 끄덕이며 말했어요.

"당연히 있지요."

"그 비법을 저에게 가르쳐 주실 수 있으세요?"

노인은 미소를 지으며 말했어요.

"잘 들으시오. 물고기를 많이 낚는 비법은 네 가지가 있소. 첫 번째는 한눈을 팔지 말아야 해요. 둘째는 좋은 미끼를 사용해야 하죠. 셋째는 성급한 마음을 갖지 말고 느긋하게 기다려야 하오. 그리고 마지막으로 가장 중요한 게 있소."

청년은 고개를 내밀며 노인을 재촉했어요.

"어르신, 가장 중요한 마지막 비법을 어서 말씀해 주세요."

노인은 잠깐 생각하다가 말을 했어요.

"마지막 비법은 바로 '실천'입니다. 그 아무리 훌륭한 방법이 있다고 한들 그대로 실천하지 않으면 아무것도 얻을 수 없죠."

"나도 책벌레가 되고 싶어!"

이런 각오를 했다면 당장 책을 펼쳐 보세요. 마음만 먹는다고 해서 다 되는 건 아니죠. 실천은 자신이 원하는 것을 이룰 수 있는 가장 강력한 무기랍니다.

《파우스트》라는 작품을 쓴 괴테는 이런 말을 했어요.

"그대가 할 수 있는 것, 아니면 할 수 있다고 생각이 드는 것이라도 상관없다. 그런 일이 있다면 바로 시작하라. 용기 속에는 그 일을 능히 할 수 있도록 하는 천재성과 힘, 마법이 모두 들어 있다."

독립운동가인 이승훈 선생은 16세 때 그릇을 파는 상점에서 일하면서도 《맹자》 등 책 읽기를 게을리 하지 않았어요. 그는 나중에 승천제라는 자그마한 학교를 세워 동네 아이들을 가르쳤어요.

그러던 어느 날 그는 안창호 선생의 강연을 듣고 큰 깨달음을 얻었어요. 그건 바로 교육만이 이 나라를 구할 수 있다는 것이었습니다.

그는 머리를 짧게 자르고 나서 안창호 선생을 찾아갔어요.

"저는 지금 당장 제 땅을 팔아서 학교를 지을 겁니다."

안창호 선생은 이승훈 선생의 머리를 보며 말했어요.

"그건 그렇고, 왜 그렇게 머리가 짧아졌습니까?"

"지금 바로 학교를 세우겠다는 저의 의지입니다. 저는 바로바로 실천하는 사람입니다."

그는 결국 땅을 팔아서 오산학교를 세웠지요. 많은 청년들이 오산학교에서 공부하며 조국 독립의 의지를 불태웠어요. 청년들의 의지, 실천 등이 밑거름이 되었는지 우리나라는 곧 광복을 맞이했습니다.

덮여 있는 책은 이미 책이 아닙니다. 종이 묶음일 뿐이죠. 그 책에 생명을 불어넣으세요. 손을 뻗어 책을 잡으세요. 그리고 펼쳐 읽으세요. 내일부터가 아니라, 나중에가 아니라, 오늘부터 아니 지금 당장 실천하는 거예요. 행동하는 자만이 무언가를 얻을 수 있습니다.

지금 당장 책이 있는 곳으로 달려가세요. 그리고 책을 펼쳐 읽으세요. 지금의 그 행동이 바로 자신이 이루고자 하는 꿈으로 가는 가장 빠른 지름길이며 미래를 바꾼다는 걸 명심하세요.

책벌레들을 위한 지식 도서관

괴테 (1749~1832)

독일 최고의 시인이자 세계 문학의 거장이다. 프랑크푸르트 암 마인의 부유한 가정에서 태어나 아버지의 방침에 따라 엄격한 교육을 받고 자랐다. 라이프치히 대학에 입학하여 법률을 공부하였고 스트라스부르크 대학에서 학업을 계속하여 법학사가 되었다. 작품으로 《파우스트》, 《젊은 베르테르의 슬픔》 등이 있다.

이승훈 (1864~1930)

독립 운동가이자 교육자다. 1907년에 오산학교를 설립하여 신학문과 애국사상을 고취하였고 1919년 3·1 독립 선언에 민족 대표 33인의 한 사람으로 참가하였다가 투옥되기도 하였다. 동아일보 사장을 지냈다.

《맹자》

맹자의 제자가 맹자의 사상을 그대로 담아 기록한 책이다. 《맹자》는 《논어》, 《대학》, 《중용》과 더불어 '사서(四書)'의 하나로서 유교의 주요한 경전이다.

오프라 윈프리와 희망
책으로 불행을 극복하라

여러분에게 소개할 명언 두 개가 있어요.

앞으로 나아가기 위해 외적인 것에 의존하지 말라.
외적인 화려함은 오래가지 못한다.
단단한 내면이 만들어지지 않는다면
결국 모든 건 사라지기 마련이다.

포기하지 말라. 포기는 또 다른 장벽을 만든다.
포기하는 것도 습관이 되어 자꾸 도망 다니기 마련이다.

우리의 삶은 도전을 통해서 체험과 경험을 얻는다.

포기하는 순간 인생의 값진 참 교훈을 얻지 못할 것이다.

위의 명언을 남긴 사람은 누구일까요?

바로 미국 TV 토크쇼의 여왕인 '오프라 윈프리'입니다.

그녀는 미국 미시시피강 근처의 한 마을에서 흑인으로 태어났어요. 그런데 어릴 적 부모의 보호를 받지 못하고 농사를 짓는 외할머니와 함께 살게 되었죠. 집은 주변에 말을 건넬 이웃이 하나도 없는 한적한 시골이었어요.

그녀는 한숨을 내쉬며 혼잣말로 중얼거렸어요.

"아, 심심해. 외로워. 나랑 놀아줄 사람이 있었으면 좋겠다."

그때, 어디선가 '음메~', '꼬끼오~' 소리가 났어요.

소리를 따라가다 보니 언덕에 농장이 있었어요. 그 소리는 농장에 있는 소와 닭의 울음소리였어요.

그녀는 소와 닭 가까이 다가가 인사를 건넸어요.

"안녕, 난 오프라 윈프리야. 만나서 반가워. 심심했는데 잘 됐다. 내 얘기 좀 들어줄래?"

"음메~."

"고마워. 난 다섯 살, 오프라야. 지금은 외할머니 집에서 지내고 있는데 내 꿈이 뭔 줄 아니? 내 꿈은……. 하하. 아직은 잘 모르겠어. 아무튼 반가워."

몇 년 후, 어머니의 집으로 오게 되었는데 어머니는 일을 하느라 오프라를 제대로 돌보지 못했어요. 그래서 늘 외로웠고 배가 고팠지요. 하루하루 살아가는 데 많은 장애가 있었어요. 학교를 가게 되었는데 흑인이라는 이유로 친구들로부터 괴롭힘을 당했고 나쁜 친구들과 어울려 담배도 피고 술을 마시기도 했어요. 반항아로 변해버린 오프라를 감당할 수 없게 되자, 어머니는 오프라를 아버지 집으로 보냈어요. 아버지는 새어머니와 재혼한 상태였죠.

오프라는 한숨을 내쉬며 중얼거렸어요.

"젠장, 내 인생은 왜 이렇게 꼬인 거야. 다 끝이야."

"오프라, 정말 그렇게 생각하니?"

"네."

아버지는 오프라의 머리를 쓰다듬으며 말했어요.

"넌 아직 스무 살도 안 됐어. 다시 말해서 살아갈 날들이 아주 많이 남았다는 얘기야. 방황과 좌절은 있을 수 있어. 하지만 그걸 극복하는 게 바로 인생이야."

"극복을 어떻게 해요? 첫 단추를 이미 잘못 끼웠어요."

"다시 시작하면 돼. 자, 봐. 거실에 책이 엄청 많지? 저 책들이 너에게 큰 힘을 줄 거야. 저 책들이 너에게 인생의 답을 알려줄 거야. 난 너의 꿈을 언제나 응원한다."

아버지의 격려와 위로 덕분에 오프라는 '다시'라는 작은 희망을 품게 되었어요. 그리고 꿈이라는 것에 대해 생각하게 되었어요.
'내 꿈은 과연 뭘까? 아, 그래! 난 TV 프로그램 진행자가 될 거야.'
오프라는 평소 말하는 걸 즐겨했고 지난번 TV를 볼 때 멋있었던 진행자의 모습이 떠올라 자신도 프로그램 진행자가 되고 싶다는 꿈을 품게 되었어요.
그녀는 거실 책장에 있는 책을 펼쳤어요.
"그래, 이 책이 나에게 큰 힘이 될 거야."
그 후로 오프라는 책을 열심히 읽기 시작했어요. 한 권, 두 권 계속해서 읽으면서 그녀는 깨달았어요. 아무리 외부적으로 힘든 상황이 닥친다 해도 내 안의 중심이 탄탄하면 절대로 넘어지지 않는다는 사실을요. 내 안의 중심을 채울 수 있는 건 바로 책이라는 사실을요. 오프라는 독서를 통해 자신의 힘든 과거를 극복하고 새로운 내일을 꿈꾸게 되었어요.

책을 통해 단단해진 그녀는 어떻게 달라졌을까요?

19살이 되는 해, 라디오 프로그램 진행자로 취직했고 이를 계기로 방송인이 되어 한 지역의 저녁 뉴스 앵커가 되었어요. 그 후로 계속 성장했죠. 서른이 될 무렵부터 토크쇼를 진행했어요. 곧이어 '오프라 윈프리 쇼'라는 자신의 이름을 내건 토크쇼를 맡게 되었죠.

"안녕하세요. 시청자 여러분, 오프라 윈프리 쇼를 시작하겠습니다."

그녀의 재치와 세련된 교양은 시청자들에게 큰 재미와 감동으로 다가왔죠. 그녀의 토크쇼는 단박에 시청자들을 사로잡았어요. 이 모든 것이 가능했던 건 바로 그녀가 늘 손에서 놓지 않았던 책의 힘이었죠. 독서가 그녀를 과거의 늪에서 구원을 해준 거죠.

책벌레들을 위한 지식 도서관

오프라 윈프리 (1954~)
TV 토크쇼 진행자로 '오프라 윈프리 쇼'를 진행했다. 미국주간지 『타임』지의 '20세기의 위대한 인물', 경제주간지 『포브스』의 '세계에서 가장 영향력 있는 인물'로 선정되기도 했다.

속독법 향상을 위한 방법

더 빨리 읽고 더 많이 이해하는 속독법, 그 속독법 향상법을 알아봅시다.

1 안구 운동

- 책을 읽는다는 건 눈을 통해 보는 작업이에요. 그렇기 때문에 눈이 중요하죠. 그리고 속독을 하기 위해선 일단 안구 운동이 필수랍니다. 안구 운동을 통해 속독을 실현할 수 있죠. 속독에는 두 줄 읽기, 네 줄 읽기, 대각선 읽기, 지그재그 읽기 등의 방법이 있는데 이 방법의 핵심은 글자를 기억하는 데 있어요. 쉽게 말하면 버스를 타고 갈 때 얼핏 길거리의 간판을 볼 수 있을 거예요. 그 짧은 시간인데도 간판에 쓰인 글귀를 기억해낼 수 있죠. 눈으로 본 것을 기억해내는 거죠. 속독법도 마찬가지예요. 눈을 통해 책 속의

핵심 단어를 기억해내는 거죠. 그러기 위해선 안구 운동이 필요해요. 그럼 다함께 안구 운동을 해볼까요?

- 눈을 좌우로 여러 차례 빠르게 움직이세요.
- 눈을 아래위로 여러 차례 빠르게 움직이세요.
- 눈을 빙그르르 여러 차례 빠르게 돌리세요.

② 집중력 키우기

● 집중력은 타고나는 게 아니라 훈련으로 충분히 향상시킬 수 있어요. 눈과 마음의 눈을 하나로 모으세요. 그럼 생활 속에서 집중력을 향상시키는 방법 몇 가지를 배워 봅시다.

- 시장에서 본 것들이 무엇인지 기억해 내기
- 눈을 감고 30초까지 센 후, 시계 초침과 비교해 보기
- 종이 위에 작은 점 하나를 그리고 1분 동안 그 점을 쳐다보기
- 30초 동안 여러 개의 단어를 본 후, 책을 덮고 어떤 단어가 있었는지 적어보기

위인이 된 36명의 책벌레들
폰보다 책

초판 1쇄 인쇄 · 2024년 4월 24일
초판 1쇄 발행 · 2024년 5월 10일

지은이 · 김현태
그린이 · 허재호
펴낸이 · 이종문(李從聞)
펴낸곳 · 국일아이

등   록 · 제406-2008-000032호
주   소 · 경기도 파주시 광인사길 121 파주출판문화정보산업단지(문발동)
　　　　　서울시 중구 장충단로8가길 2(장충동1가, 2층)
영업부 · Tel 02)2237-4523 | Fax 02)2237-4524
편집부 · Tel 02)2253-5291 | Fax 02)2253-5297

평생전화번호 · 0502-237-9101~3

홈페이지 · www.ekugil.com
블 로 그 · blog.naver.com/kugilmedia
페이스북 · www.facebook.com/kugilmedia
E - m a i l · kugil@ekugil.com

• 값은 표지 뒷면에 표기되어 있습니다.
• 잘못된 책은 바꾸어 드립니다.

ISBN 979-11-7146-005-2 (73800)